Pwy oedd Pwy

Golygydd
D. HYWEL E. ROBERTS

PWY OEDD PWY 3

SEF POBL Y FLWYDDYN YNG NGHYMRU 1985

CYHOEDDIADAU MODERN CYMREIG (CYF.)
LERPWL A LLANDDEWI BREFI 1986

Argraffiad cyntaf: Gorffennaf 1986
© Cyhoeddiadau Modern Cymreig Cyf.

ISBN: 0 901 332 28 3
Dymuna'r cyhoeddwyr gydnabod cymorth a
chyfarwyddyd Adrannau'r Cyngor Llyfrau Cymraeg a
noddir gan Gyngor Celfyddydau Cymru.

Cyhoeddwyd dan gynllun comisiynu'r Cyngor Llyfrau
Cymraeg.

Argraffwyd gan Wasg Cambria, Aberystwyth, a
chyhoeddwyd gan Cyhoeddiadau Modern Cymreig Cyf.,
32 Garth Drive, Lerpwl, L18 6HW a Nythfa,
Llanddewi Brefi, Dyfed.

Cynnwys

Cydnabyddiaeth

Dymunwn gydnabod gymorth caredig y canlynol a roes fenthyg lluniau ar gyfer y gyfrol hon: BBC Cymru, HTV Cymru, *Y Faner*, y Cyngor Llyfrau Cymraeg, S4C, Cyngor Celfyddydau Cymru a'r unigolion hynny a anfonodd luniau i'w cynnwys gyda'r bywgraffiad.

RHAGAIR

Dyma'r drydedd gyfrol yn y gyfres hon o fywgraffiaduron Cymraeg cyfoes blynyddol. Ceisiais gynnal yr un sail ag a fabwysiadwyd i'r ddwy gyntaf er mwyn sicrhau cysondeb hyd y gellid, sef bwrw golwg drwy golofnau a thudalennau'r wasg yng Nghymru drwy gydol 1985 gan nodi personau a ddaeth i'r amlwg yn ystod y flwyddyn. Mae yma fywgraffiad byr i ryw drigain o Gymry a fu'n amlwg am nifer o resymau, a'r flwyddyn 1985 yn bwysig yn eu hanes. Gan mai ym mis Awst yr ymddengys y cyfrolau hyn yn rheolaidd, tybiais mai doeth fyddai cynnwys rhai personau y mae eu pwysigrwydd yn pontio troad y flwyddyn—y rhai sy'n ymgymryd â dyletswyddau newydd tua'r Calan er enghraifft, ac y mae hynny yn agwedd newydd ar y patrwm.

Cafodd yr ail gyfrol, fel y gyntaf, ei hadolygu a gwnaeth cyfeillion rai sylwadau defnyddiol, ac o'r herwydd ceisiais gynnwys mwy o wragedd a mwy o Gymry, gan hepgor mewnfudwyr i swyddi breision i raddau helaeth. Awgrymwyd nad oedd y wybodaeth yn gyson o fywgraffiad i fywgraffiad ar brydiau a bod peth gwybodaeth, megis cyfeiriadau a rhifau ffôn, ar goll weithiau. Ar gais yr unigolion y gwnaethpwyd hynny a rhaid yw parchu eu dymuniad. Ac nid yw rhai pobl am gael eu cynnwys o gwbl ac mae'n rhaid parchu eu dymuniad hwythau hefyd.

Wedi penderfynu ar yr unigolion oedd i'w cynnwys, euthum ati i gysylltu â hwy lle'r oedd hynny'n bosibl gan lunio cofnod yn seiliedig ar eu hymateb. Lle nad oedd cyswllt yn bosibl, dibynnais ar ffynonellau safonol a dibynadwy, er prinned eu cynnwys Cymreig, a cheisiais gadarnhau ffeithiau trwy ymgynghori, a thrwy ymchwilio. Cefais gymorth parod nifer o gyfeillion a chyngor diogel, ac fe garwn nodi fy nyled i amryw o bersonau: Richard Huws a Huw Ceiriog yn y Llyfrgell Genedlaethol, staff hynaws y Cyngor Llyfrau, y cyhoeddwr, ac Irene Albrighton—a fu ysgrifenyddes mwy amyneddgar?

Gwyddwn pan gytunais i lunio'r cyfrolau hyn fy mod wedi ymgymryd â chontract oes! Y mae'n waith na ddaw byth i ben. Cyn i'r gyfrol hon ddod o'r wasg mae'r nesaf ar y gweill, ac wrth gael gwared ar un domen o bapurau a thoriadau mae tomen arall yn ymgynnull mewn cornel arall! Tybed ai wedi ymgynefino ag annibendod f'ystafell y mae Jen ac Owen, ynteu wedi anobeithio? Ond diolch iddynt am beidio â chwyno.

Bellach mae fy nhad a'm mam hwythau yn dorwyr papurach ar fy rhan hefyd. Cyflwynaf y gyfrol hon iddynt hwy am bopeth y buont i mi.

D. HYWEL E. ROBERTS
Coleg Llyfrgellwyr Cymru
Llanbadarn Fawr, Aberystwyth.

ALED ISLWYN

Nofelydd. Enillodd Wobr Goffa Daniel Owen yn Eisteddfod
Genedlaethol y Rhyl 1985 am ei nofel *Cadw'r Chwedlau'n Fyw*,
gwaith a gyhoeddwyd ym 1984.

Fe'i ganed ym 1953 ym Mhort Talbot lle'r oedd ei dad yn
weinidog. Bu hefyd yn byw yng Nglynarthen yng
Ngheredigion, Tregaron (lle bu ei dad yn gofalu am gartre'r
henoed), Bae Colwyn a Wrecsam. Cafodd ei addysg uwchradd
yn ysgolion Glan Clwyd a Morgan Llwyd. Yna aeth yn fyfyriwr
i Goleg Prifysgol Dewi Sant, Llanbedr Pont Steffan, gan raddio
yn y Gymraeg. Yna dilynodd gwrs hyfforddiant i athrawon yng
Ngholeg Prifysgol Cymru, Aberystwyth.

Cafodd swydd athro yn Ysgol Uwchradd Llanrhymni,
Caerdydd, ac yna bu ar staff Gwasg y Dref Wen fel golygydd
cyhoeddiadau tan fis Mawrth 1985. Bellach y mae'n nofelydd a
dramodydd llawn-amser. Y mae hefyd yn barddoni yn
achlysurol.

Cyhoeddwyd pum nofel o'i waith. *Lleuwen* (1977) oedd y
gyntaf. Dyfarnwyd Gwobr Goffa G. J. Williams ac un o wobrau
blynyddol Cyngor Celfyddydau Cymru iddo amdani. Fe'i
dilynwyd gan *Ceri* ym 1979 a *Sarah Arall* ym 1982. Dyma'r
nofel a enillodd iddo Wobr Goffa Daniel Owen am y tro cyntaf
yn Eisteddfod Genedlaethol Dyffryn Lliw ym 1980. *Cadw'r
Chwedlau'n Fyw* (1984) oedd y bedwaredd a'r bumed, *Pedolau
dros y Crud* (1986). Cyhoeddodd gyfrol o farddoniaeth yn
ogystal—*Dyddiau Gerwyn* (1977), cyfaddasodd nofel dramor i
blant, *Anrheg Penblwydd Nwca* 1979 ac ym 1986 cyhoeddwyd

Chwedlau Gwerin o Lydaw yng Nghyfres y Wiwer.

Gŵr dibriod yw Aled Islwyn ac y mae'n byw yn 139 Fairwood Road, Llandaf, Caerdydd.

BASSETT, Douglas Anthony

Cyfarwyddwr Amgueddfa Genedlaethol Cymru o 1977 hyd fis Gorffennaf 1985 pryd y bu'n rhaid iddo ymddeol oherwydd afiechyd.

Brodor o Lwynhendy. Fe'i ganed ar 11 Awst 1927. Derbyniodd ei addysg yn Ysgol Gynradd Llwynhendy ac Ysgol Ramadeg y Bechgyn yn Llanelli a Choleg Prifysgol Cymru, Aberystwyth (1945-52). Graddiodd mewn Daeareg. O 1952 hyd 1959 yr oedd yn ddarlithydd cynorthwyol ac yna'n ddarlithydd yn Adran Ddaeareg Prifysgol Glasgow. Fe'i penodwyd yn Geidwad Adran Ddaeareg yr Amgueddfa Genedlaethol ym 1959 i olynu Dr. F. J. North ac fe'i dyrchafwyd i swydd Cyfarwyddwr yr Amgueddfa i olynu Dr. Gwyn O. Jones ym 1977.

Daeth nifer fawr o anrhydeddau i'w ran. Ym 1985 dyfarnwyd iddo Fedal Aberconwy am waith nodedig mewn daeareg gan Sefydliad y Daearegwyr. Ym 1984 fe'i gwnaed yn Officier de L'Ordre des Arts et des Lettres gan Weinyddiaeth Diwylliant Ffrainc. Er 1983 bu'n Is-lywydd Anrhydeddus ar Gymdeithas Amgueddfeydd Prydain ac yn Gyfarwyddwr Cynhadledd Cyfarwyddwyr Amgueddfeydd Cenedlaethol.

Bu'n aelod o nifer fawr o gyrff a sefydliadau Cymraeg a Chymreig. Yr oedd yn Athro er Anrhydedd ym Mhrifysgol Cymru ac yn Gyfarwyddwr Sefydliad Cymru ac America. Bu'n cynghori'r Ysgrifennydd Gwladol ar faterion yn ymwneud ag adnoddau dŵr (1965-73) a'r Môr Celtaidd (1974-79). Bu'n amlwg hefyd ar bwyllgorau daearegol megis Pwyllgor Ymgynghorol yr Ordnance Survey, y Cyngor Gwarchod Natur ac eraill.

Y mae yn aelod o Orsedd y Beirdd. Rhestra lyfrydda a chronoleg ymhlith ei ddiddordebau. Y mae'n ŵr priod ac yn dad i dair o ferched. Cyhoeddodd nifer fawr o erthyglau mewn cylchgronau ond fe ystyrir ei ddau arweinlyfr llyfryddol— *Bibliography and Index of Geology and Allied Sciences for Wales and the Welsh Borders 1897-1958* (1961) ac *A source-book of Geological, Geomorphological and Soil Maps for Wales and the*

Welsh Borders 1800-1966 (1967) yn weithiau safonol a phwysig.

Fe'i holynir gan Dr. David Dykes fel Cyfarwyddwr yr Amgueddfa Genedlaethol.

BENNETT, Elinor (Elinor Wigley)
Telynores. Ym 1985 enillodd Gymrodoriaeth Churchill a'i galluogodd i dreulio cyfnod o fis yn Awstralia yn astudio'r gwaith arloesol a wneir yno i'r defnydd o gerddoriaeth fel cyfrwng therapi i rai dan anfantais meddwl.

Fe'i ganed yn Llanidloes, yn ferch i'r gŵr busnes a'r cerddor Emrys Bennett Owen, ar 17 Ebrill 1943. Cafodd ei haddysg gynnar yn Ysgol y Neuadd, Llanidloes (1948-49), Ysgol Gynradd Llanuwchllyn (1949-54) ac Ysgol Ramadeg y Merched, y Bala (1954-60). Yna aeth i Goleg Prifysgol Cymru, Aberystwyth, ym 1960 gan ennill gradd yn y Gyfraith ym 1963. Oddi yno aeth i astudio cerdd yn yr Academi Gerdd Frenhinol yn Llundain am dair blynedd rhwng 1964 a 1967 gan ennill cymwysterau LRAM a'r Recital Diploma yn y sefydliad hwnnw.

Bu'n dilyn gyrfa broffesiynol fel telynores—fel unawdydd, chwaraewr siambr ac mewn cerddorfeydd tra bu'n byw yn Llundain o 1967 hyd 1971, ym Merthyr o 1971 hyd 1974 ac oddi ar hynny o'r Bontnewydd. Rhwng 1972 a 1974 bu'n diwtor ar y delyn yng Ngholeg Cerdd a Drama Cymru, Caerdydd, ac yn diwtor yn Adran Gerdd, Coleg Prifysgol Gogledd Cymru, er 1974. Y mae hefyd yn wraig tŷ ac yn fam i ddau o blant, Eluned Haf a Hywel Arthur. Bu dau o'i phlant farw yn eu plentyndod wedi cyfnod hir o afiechyd blin. Eu hafiechyd hwy a'i hysgogodd i ymddiddori mewn problemau ac anawsterau cymdeithasol, yn arbennig ymhlith pobl dan anfantais meddwl, ac yn swyddogaeth cerddoriaeth i bobl anabl. Y mae ei gŵr, Dafydd Wigley, yn Aelod Seneddol (Plaid Cymru) Arfon, ac y mae Elinor Bennett hithau yn ymddiddori mewn gwleidyddiaeth gyda'i gŵr. Y mae hefyd yn hoff o deithio.

Y mae'n aelod o Undeb y Cerddorion ac adran unawdwyr proffesiynol y Gymdeithas Gorfforedig i Gerddorion. Cyhoeddwyd pedair record o'i pherfformiadau ar y delyn.

Yn ychwanegol at Ysgoloriaeth Churchill, derbyniodd wobrau'r Countess of Munster a Festival Days (ISM).

Mae Elinor Bennett yn byw gyda'i theulu yn yr 'Hen Efail', Bontnewydd, Caernarfon, Gwynedd.

BEVAN, Gwenfair Teleri

Pennaeth Rhaglenni BBC Cymru (0222-564888). Fe'i penodwyd ddiwedd 1985 i olynu Gareth Price. Ymgymerodd â'i dyletswyddau ar 1 Ionawr 1986. Bydd ganddi ofal golygyddol dros raglenni BBC Cymru—y teledu a'r radio—cynnyrch BBC Cymru i S4C a'r rhaglenni ar BBC1 a BBC2 sy'n cael eu cynhyrchu yng Nghymru.

Fe'i ganed yn Aberystwyth ar 11 Ebrill 1931, yn un o blant Dr. Richard Phillips. Derbyniodd ei haddysg gynnar yn Ysgol Heol Alecsandra, Aberystwyth ac Ysgol Ramadeg Ardwyn, yna aeth i Goleg Prifysgol Cymru, Bangor, ym 1949.

Graddiodd ym 1953 gydag anrhydedd mewn Botaneg Amaethyddol.

Cafodd ei swydd gyntaf yn yr Isle of Ely, Caer-grawnt, fel Trefnydd Clybiau'r Ffermwyr Ieuanc ond ym 1955 dychwelodd i Gymru gan dderbyn penodiad fel cynhyrchydd rhaglenni gyda'r BBC yng Nghaerdydd. Bu gyda'r Gorfforaeth byth oddi ar hynny heblaw am ysbaid o saith mlynedd i fagu mab, Huw, sydd bellach wedi graddio mewn Daearyddiaeth Gymdeithasol.

Dyrchafwyd Teleri Bevan i swydd Golygydd Radio Wales ym 1978 pan sefydlwyd y gwasanaeth newydd hwnnw, ac yn Ddirprwy Bennaeth Rhaglenni ym 1982. Hyd yn ddiweddar bu'n parhau â'i gwaith yn cynhyrchu a llunio rhaglenni, gan gynnwys y cyfweliad nodedig â Mrs. Gandhi, Prif Weinidog India, ychydig ddyddiau cyn ei marw.

CLEAVER, William Emrys (1904-1985)

Cyn-weinidog yr Efengyl, athro, actor ac artist ar radio a theledu. Arloeswr ym myd y ddrama, darlledwr amryddawn a phoblogaidd a ffigur amlwg ym maes canu a dawnsio gwerin yng Nghymru. Bu farw ar 17 Mawrth 1985. Fe'i hystyrid yn un o'r prif awdurdodau ar y gân werin Gymraeg.

Brodor ydoedd o Faes-y-bont ger Llanelli. Fe'i ganed ar 11 Hydref 1904. Cafodd ei addysg gynradd yn ysgol y pentref ac Ysgol Uwchradd Llandeilo. Bu'n gweithio gartref ar y fferm ac yna gyda chwmni yswiriant cyn mynd yn fyfyriwr i Goleg y Brifysgol, Caerdydd. Yno bu'n astudio'r Gymraeg a Cherddoriaeth ac yn y ddau bwnc hynny y graddiodd ym 1932. Yr oedd eisoes wedi dangos diddordeb mewn darlledu yn ystod y cyfnod hwn ond penderfynodd fynd i'r weinidogaeth gyda'r Presbyteriaid Cymraeg a bu'n ymgymhwyso i'r gwaith yng Ngholeg Diwinyddol Aberystwyth a Choleg y Bala. Derbyniodd wahoddiad i weinidogaethu ym Modffari ac fe'i hordeiniwyd yn Hydref 1936 yn weinidog Capel-y-Waun. Bu'n weinidog gweithgar gan hybu gweithgarwch diwylliannol yr ardal yn ogystal, ac fe sefydlodd gwmnïoedd drama a phartïon nosweithiau llawen; yr oedd yn un o'r rhai fu'n arloesi ym myd darlledu o Fangor dan gyfarwyddyd Sam Jones a chysylltir ei

15

enw â'r grŵp 'Hogiau'r Gogledd' yn bennaf. Gan iddo sylweddoli mai cerddoriaeth a drama oedd ei gariad cyntaf rhoes y gorau i'w waith fel gweinidog ym 1945. (Bu'n athro cerdd a chanu am gyfnod hefyd yn Ysgol Sir Dinbych). Symudodd i fyw i Rhuthun ac wedi hynny, ym 1948, i Gaerdydd lle bu ef a'i deulu yn cadw gwesty.

Wedi hynny bu'n cyfrannu'n gyson i nifer fawr o raglenni megis *Aelwyd y Gân, Cenwch im yr hen ganiadau, Gwŷr y Gân a Sêr y Siroedd*. Arbenigodd ym maes canu gwerin a chyhoeddodd nifer o weithiau pwysig megis cofiant *D. Vaughan Thomas* ym 1964 a *Gwŷr y Gân* yn yr un flwyddyn. Bu hefyd yn lladmerydd dros ganu gwerin Cymru mewn cyhoeddiadau Saesneg megis *Musicians of Wales* (1968) a'r adran ar Gymru yn *Folksongs of Britain and Ireland* (1975). Bu'n amlwg yng ngweithgarwch Cymdeithas Alawon Gwerin Cymru—bu'n drysorydd (1947-56) ac yn ysgrifennydd iddi (1957-75 ac ym 1976 fe'i penodwyd yn llywydd arni, a bu yn y swydd honno hyd ei farwolaeth. Bu hefyd yn ysgrifennydd, cadeirydd a llywydd Cymdeithas Ddawns Werin Cymru, ac ef oedd un o'i sylfaenwyr ym 1949.

Fe'i hanrhydeddwyd ym 1967 yn Eisteddfod Genedlaethol y Bala pryd y gwnaethpwyd ef yn Dderwydd er Anrhydedd, ond fe'i llesteiriwyd ym mlynyddoedd olaf ei oes gan gystudd ei salwch.

Priododd Esther Glenys Rees, merch o'r Dryslwyn ger Llandeilo, ym 1936 ac yr oedd iddynt un ferch, Ann Cleaver-Martin.

DAVIES, Emlyn

Golygydd Rhaglenni S4C. Brodor o Lanberis. Fe'i ganed ar 4 Ionawr 1945. Cafodd ei addysg yn Ysgol Dolbadarn, Llanberis, Ysgol Uwchradd Brynrefail (1956-63) a Choleg Prifysgol Gogledd Cymru, Bangor. Graddiodd yn y Gymraeg ym 1966 a chwblhaodd gwrs ymarfer dysgu gyda chlod ym 1967.

Rhwng 1967 a 1968 treuliodd flwyddyn yn athro Cymraeg yn Ysgol Uwchradd y Drenewydd. Ym 1968 fe'i penodwyd yn ymchwilydd i'r rhaglen *Heddiw* ar BBC Cymru. Ym 1969 fe'i penodwyd yn gyfarwyddwr y rhaglen honno. Yna, ym 1972, aeth yn ohebydd y gogledd i'r rhaglen a bu wrth y gwaith hwnnw hyd 1976 pryd yr aeth yn ohebydd hunan-gyflogedig.

Ym 1979 dychwelodd i Gaerdydd ar ôl ei benodi'n Olygydd
Newyddion Radio Cymru. Bu gyda'r BBC hyd 1981 ac yn y
flwyddyn honno fe'i penodwyd yn Brif Gomisiynydd Rhaglenni
S4C. Fe'i penodwyd i'w swydd bresennol ym 1983.
Cadarnhawyd trefniadau teledu yn y Gymraeg ddiwedd 1985
wedi archwiliad gan y Swyddfa Gartref.

Y mae Emlyn Davies yn Gyfarwyddwr Gweithredol cwmni
Hughes a'i Fab, Cyf., y cwmni cyhoeddi a bwrcaswyd gan
adain fasnachol S4C, Mentrau.

Ef yw golygydd papur bro ei gymuned, *Tafod-Elái*, ac y mae
yn ddiacon yn y Tabernacl, Efailisaf. Ymhlith ei ddiddordebau
hamdden y mae gweithgareddau teuluol a gwersylla.

Y mae'n ŵr priod ac yn dad i dri o blant, Garmon Gwilym,
Eirian Llywarch a Ioan Rhys.

Y mae'r teulu'n byw yn 'Sycharth', 87 Maes-y-sarn,
Pentyrch, Caerdydd (0222-891344).

DAVIES, James Arthur
Cyn-brifathro'r Coleg Normal, Bangor. Ymddeolodd ddiwedd
Mawrth 1985.

Fe'i ganed ym Moncath, yn yr hen Sir Benfro, ar 12 Ionawr
1923. Derbyniodd ei addysg gynnar yn Ysgol Blaen-ffos a'r
Ysgol Ramadeg, Aberteifi. Yna bu'n fyfyriwr yng Ngholeg y

Drindod, Caerfyrddin, a'r London School of Economics. Enillodd raddau BSc, MA, a PhD (Llundain). Cyhoeddwyd ffrwyth ei ymchwil ym 1973 gan Wasg Prifysgol Cymru— *Education in a Welsh Rural County 1870-1973*. Yn ystod yr Ail Ryfel Byd bu yn y Llu Awyr ac yn garcharor rhyfel yng ngwlad Pwyl.

Bu'n athro yn Llundain ac yn Swyddog Addysg Bellach yn Sir Benfro gyda gofal arbennig am y gwasanaethau ieuenctid a gwnaeth waith arloesol yn y cyfnod hwnnw. Yna fe'i penodwyd yn ddarlithydd yn ôl yn ei hen goleg yng Nghaerfyrddin cyn iddo ddychwelyd eilwaith i Sir Benfro fel Dirprwy Gyfarwyddwr Addysg. Cyn mynd yn Brifathro ym 1970 i'r Coleg Normal bu'n Gyfarwyddwr Addysg Sir Drefaldwyn am 11 mlynedd.

Bu'n amlwg yn rhai o brif sefydliadau Cymru—bu'n Gadeirydd y Bwrdd Ffilmiau Cymraeg, bu'n aelod o Bwyllgor Gwaith Cwmni Theatr Cymru, yn aelod o Gyngor Celfyddydau Cymru, o lysoedd Prifysgol Cymru a Choleg Prifysgol Gogledd Cymru, Bangor, o Lys yr Eisteddfod Genedlaethol, a bu hefyd yn aelod o Gymdeithas y Cymmrodorion. Yn y byd addysg bu'n aelod o Bwyllgor Cymru'r Cyngor Ysgolion a Phwyllgor Addysgol Cymru. Derbyniwyd ef i'r Orsedd i Urdd Ofydd er Anrhydedd.

Mae'n ŵr priod ac mae ganddo ef a'i wraig, Nesta, ddwy ferch, Siân a Rhian. Ar ei ymddeoliad symudodd i fyw o Fangor i Fiwmares.

Ystyrir iddo wneud cyfraniad mawr yn y gwaith o hyfforddi athrawon dwyieithog ac yn amddiffyn buddiannau'r Coleg Normal mewn cyfnod argyfyngus yn ei hanes.

DAVIES, Y Gwir Barchedig Roy Thomas

Clerigwr. Fe'i hetholwyd gan Goleg Etholiadol yr Eglwys yng Nghymru ym mis Medi 1985 yn Esgob Llandaf i olynu'r Gwir Barchedig John Poole-Hughes. Fe'i sefydlwyd yn ei ofalaeth newydd ar 16 Tachwedd 1985 wedi iddo gael ei urddo ar 1 Tachwedd yn Eglwys Gadeiriol Casnewydd.

Fe'i ganed ar 31 Ionawr 1934 yn Llangennech, Dyfed, lle y bu ei dad yn löwr ac yn weithiwr yn y gweithfeydd tun. Derbyniodd ei addysg yn Ysgol Elfennol Llangennech, Ysgol Coleshill, Llanelli, ac Ysgol Ramadeg y Bechgyn, Llanelli, cyn

mynd yn fyfyriwr ym 1952 i Goleg Dewi Sant, Llanbedr Pont
Steffan. Graddiodd yn y Dosbarth Cyntaf yn y Gymraeg ym
1955. Yna aeth i Goleg yr Iesu, Rhydychen, lle bu'n astudio
dan yr Athro Idris Foster yn yr Adran Astudiaethau Celtaidd.
Dyfarnwyd iddo radd BLitt, a chwblhaodd ddiploma mewn
Diwinyddiaeth yn ogystal. Wedi cwblhau ei astudiaethau yng
Ngholeg yr Iesu ym 1957, derbyniodd ei hyfforddiant am
urddau yn Nhŷ Sant Steffan, Rhydychen, cyn iddo gael ei
urddo i guradaeth ym mhlwyf Sant Pawl, Llanelli, ym 1959. Bu
yn yr ofalaeth honno hyd 1964 pryd yr aeth yn ficer i Lanafan y
Trawsgoed a Gwnnws yng Ngheredigion ac ym 1967 fe'i
gwnaethpwyd yn gaplan i fyfyrwyr Anglicanaidd Coleg
Prifysgol Cymru, Aberystwyth, ac yn ficer y dref. Ym 1973 fe'i
penodwyd yn Ysgrifennydd i Gyngor Cenhadaeth ac Undeb yr
Eglwys yng Nghymru a bu yn y swydd honno hyd 1979 pryd yr
aeth yn ficer i Eglwys Dewi Sant, Caerfyrddin. Rhwng 1982 a
1985 bu'n ficer plwyfi Llanegwad a Llanfynydd. Yn yr un
cyfnod bu'n Ysgrifennydd Clerigol Corff Llywodraethol yr
Eglwys yng Nghymru.
    Y mae'n Gymro rhugl ac yn ddibriod. Ymhlith ei

ddiddordebau hamdden y mae darllen a cherdded.

Cyhoeddodd nifer o gyfrolau ac erthyglau, gan gynnwys rhifyn i'r gyfres *O Ddydd i Ddydd* ym 1981.

Triga'r esgob yn 'Llys Esgob', Cathedral Green, Llandaf, Caerdydd (0222-562400).

EDWARDS, Cenwyn

Pennaeth HTV yng ngogledd Cymru (yr Wyddgrug) (0352-55331), ac olynydd Gwyn Erfyl yn y swydd honno. Fe'i penodwyd fis Chwefror 1985 ac ymgymerodd â'i ddyletswyddau ddiwedd Awst 1985.

Brodor o Langennech ger Llanelli, Dyfed. Fe'i ganed ar 27 Hydref 1945. Cafodd ei addysg yn Ysgol Gynradd Llangennech (1949-56), Ysgol Ramadeg y Bechgyn, Llanelli (1956-63) a Choleg Prifysgol Gogledd Cymru, Bangor (1963-69). Graddiodd gydag anrhydedd yn y Gymraeg a bu'n gwneud gwaith ymchwil ar y ddrama wedi iddo raddio. Bu'n olygydd papur Cymraeg y myfyrwyr—*Y Dyfodol*—ac fe fu'n gapten ar dîm criced y coleg.

Ym 1969 ymunodd â chwmni HTV fel gohebydd newyddion a chyflwynydd rhaglen *Y Dydd*, gwaith y bu ynddo hyd 1978. Fe'i penodwyd y flwyddyn honno yn Gynhyrchydd Rhaglenni Materion Cyfoes a Newyddion gyda HTV a bu yn y swydd honno hyd 1982 pryd y dyrchafwyd ef yn Bennaeth Materion Cyfoes HTV. Yn ystod ei gyfnod ef fel pennaeth yr adran honno, enillodd y rhaglen *Wales This Week* ddwy wobr nodedig am ei gwaith, a hon oedd yr adran fwyaf cynhyrchiol ym myd teledu Prydain o safbwynt yr oriau a gynhyrchid ganddi yn wythnosol.

Y mae'n aelod o gymdeithas y gohebwyr diplomyddol a thramor, a'i ddiddordebau hamdden yw chwaraeon o bob math a chriced yn arbennig, ac y mae'n ddilynwr brwd o Glwb Rygbi Llanelli.

Mae'n ŵr priod—daw ei wraig, Eluned, o Ddinbych—ac y mae ganddynt ddau o blant, Lowri a Gruffudd.

EDWARDS, Owen

Cyfarwyddwr S4C, swydd y bu ynddi er 1981 ac y bydd yn parhau ynddi wedi i'r Ysgrifennydd Cartref gadarnhau parhad y Sianel yng Nghymru ar ddiwedd 1985 wedi'r cyfnod arbrofol cychwynnol.

Fe'i ganed yn Aberystwyth ar 26 Rhagfyr 1933 yn fab i Syr Ifan ab Owen a'r Fonesig Edwards. Yr oedd yn un o ddisgyblion cyntaf Ysgol Gymraeg Aberystwyth—fe'i mynychodd o 1939 hyd 1944. Yna aeth i Ysgol Ramadeg Ardwyn, Aberystwyth o 1944 hyd 1947 ac ym 1947 aeth yn ddisgybl i Ysgol Leighton Park, Reading. Ym 1954, ar derfyn ei gwrs ysgol, aeth yn fyfyriwr i Goleg Lincoln, Rhydychen. Ym 1957 graddiodd yn y Gyfraith.

Ym 1958 fe'i penodwyd yn gatalogydd yn Llyfrgell Genedlaethol Cymru, a bu yn y swydd honno am ddwy flynedd. Rhwng 1960 a 1961 bu'n gweithio i gwmni teledu Granada fel cyflwynydd y rhaglen *Dewch i mewn* ac ym 1961 fe'i penodwyd yn gyflwynydd y rhaglen *Heddiw* a gynhyrchid gan BBC Cymru. Bu yn y gwaith arlcesol hwnnw hyd 1966 pan gafodd ei benodi'n Drefnydd Rhaglenni BBC Cymru. Ym 1970 fe'i dyrchafwyd i swydd Pennaeth Rhaglenni'r Gorfforaeth ac ym 1974 fe'i penodwyd yn Rheolwr BBC Cymru, swydd y bu ynddi hyd nes y penodwyd ef yn Gyfarwyddwr cyntaf S4C.

Teledu a darllen yw ei ddiddordeb mawr. Y mae'n Gadeirydd ac yn ymddiriedolwr y Gymdeithas Ffilm a Theledu yn y gwledydd Celtaidd. Y mae hefyd yn cyfrannu i weithgarwch nifer fawr o sefydliadau Cymru—y mae'n Llywydd y Mudiad Ysgolion Meithrin, y mae'n aelod o Gyngor Urdd Gobaith Cymru ac y mae'n Is-gadeirydd Cyngor Eisteddfod Genedlaethol Cymru.

Y mae galw mawr am ei wasanaeth fel siaradwr mewn cynadleddau ac o'r herwydd traddododd nifer fawr iawn o anerchiadau a darlithoedd a chyhoeddodd nifer o ysgrifau ac erthyglau, yn bennaf yn ymwneud â maes teledu a'r cyfryngau.

Y mae Owen Edwards yn ŵr priod—y mae ei wraig, Shân Emlyn, hithau yn gyfarwydd fel darlledwraig ac fel cantores werin. Mae ganddynt ddwy o ferched—Elin Angharad a Mari Emlyn.

Mae pencadlys S4C yng Nghlos Sophia, Caerdydd (0222-43421).

ELLEN ELIZABETH ap GWYNN

Cadeirydd y Mudiad Ysgolion Meithrin er 1985; olynydd Gwilym Roberts yn y gwaith hwnnw. Gweinyddwraig Cwmni Theatr Crwban, Canolfan y Celfyddydau, Aberystwyth (0970-4277).

Fe'i ganed yn Kilwinning yn yr Alban ar 1 Gorffennaf 1946. Cafodd ei haddysg yn Academi Dumfries (1951-53), Ysgol Gynradd Porthmadog (1953-54), Ysgol Gynradd Borth-y-gest (1954-58) ac Ysgol Eifionydd, Porthmadog (1958-65). Yna aeth i Goleg Prifysgol Cymru, Aberystwyth, ym 1965 gan raddio mewn Addysg ym 1968 a chwblhau cwrs ymarfer dysgu ym 1969.

Bu'n swyddog diwylliant yn Llyfrgell Ceredigion am gyfnod ym 1970 ac yn swyddog gweinyddol yn y Cyngor Llyfrau Cymraeg o 1970 hyd 1973. Bu'n athrawes Cylch Meithrin Llangwyryfon o 1980 hyd 1985 ac yn diwtor dosbarthiadau ail-iaith o 1983 hyd 1985. Bu hefyd yn drefnydd gweithgareddau Canolfan Llenyddiaeth Plant Cymru ym 1984 a 1985 cyn ymgymryd â'i swydd bresennol ym 1985.

Mae'n llywodraethwr ysgol gynradd leol, yn weithgar gyda mudiadau ieuenctid ei hardal—yr Urdd a'r Ffermwyr Ifanc—a chyda Merched y Wawr, Plaid Cymru, ac CND. Ei diddordebau hamdden yw cerdd dant, canu gwerin, darllen a gwneud croeseiriau. Y mae'n aelod o fwrdd golygyddol papur bro ei chymuned er 1980.

Mae Ellen ap Gwynn yn wraig briod, ac y mae'n fam i dri o blant—Llŷr ap Iolo, Rhian Iolo a Rhys ap Iolo. Ei gŵr yw'r gwyddonydd Iolo ap Gwynn. Mae'r teulu yn byw yn 'Plas Treflys', Llangwyryfon ger Aberystwyth.

ELIS, Meg (Marged Ann Dafydd)

Awdures. Is-olygydd *Y Faner*. Dyfarnwyd iddi Fedal Ryddiaith Eisteddfod Genedlaethol y Rhyl 1985 am ddyddiadur *Cyn daw'r Gaeaf*, sy'n cofnodi rhai o'i phrofiadau wedi iddi dreulio peth amser ar Gomin Greenham gyda'r gwrthdystwyr. Ym 1985 hefyd cyhoeddodd gyda'i mam, Mari Ellis, y gyfrol *Eglwysi Cymru*.

Ganed yn Aberystwyth ar 26 Hydref 1950 ac fe'i haddysgwyd

yn yr Ysgol Gymraeg ac Ysgol Ramadeg Ardwyn yn y dref honno. Ym 1969 aeth yn fyfyrwraig i Goleg Prifysgol Gogledd Cymru, Bangor, gan raddio yn y Gymraeg ym 1972. Wedi hynny treuliodd gyfnodau yng Ngholeg Llyfrgellwyr Cymru, yn Ysgrifennydd Cymdeithas yr Iaith Gymraeg, yn gweithio mewn siop lyfrau, yn gyfieithydd yn Undeb y Myfyrwyr ym Mangor a gyda Chyngor Sir Gwynedd ac yn gynhyrchydd drama a rhaglenni nodwedd gyda'r BBC.

Priododd fis Medi 1976 â Roger Dafydd, ac y mae'n fam i ddau o blant. Mae'r teulu yn byw yn 'Glanfa', Waunfawr, Caernarfon (0286-85756).

Cyhoeddodd nifer o gerddi, storïau byrion ac erthyglau mewn gwahanol gylchgronau megis *Y Faner, Llais Llyfrau, Barn* a'r *Llan*, cylchgrawn yr Eglwys yng Nghymru. Ym 1973 cyhoeddwyd casgliad o'i cherddi yn un o gyfrolau cyfres Beirdd Triskel, sef *Cysylltiadau*, ac fe gyhoeddwyd nofel o'i heiddo, *I'r Gad*, ym 1975, a chyfrol a straeon byrion, *Carchar* ym 1978 sydd hefyd yn adlewyrchu rhai o'i phrofiadau am iddi gael ei charcharu am gyfnod yn dilyn ei hymgyrchoedd dros Gymdeithas yr Iaith. Bu hefyd yn cyfaddasu nifer o lyfrau gwyddonol i blant yng nghyfresi Gwyddoniaeth yr Ifanc a Gwyddonydd Ifanc, ac fe gyhoeddwyd *Aer* (1983), *Cemeg Syml* (1982), *Goleuni* (1983), *Jetiau* (1982), *Magnetau* (1982) a *Mecaneg Syml* (1983) gan Gwmni Elfen, ac mae *Teithio'r Gofod* yn y wasg ar hyn o bryd.

Ymhlith ei diddordebau y mae gwaith llaw, ysgrifennu a theithio.

EVANS, Clifford (1912-1985)

Actor a chyfarwyddwr. Un o gefnogwyr mwyaf brwd y mudiad i sefydlu Theatr Genedlaethol yng Nghymru. Ym 1959 sefydlodd Ymddiriedolaeth Theatr Dewi Sant gyda'r bwriad o sefydlu ac adeiladu theatr genedlaethol yng Nghaerdydd. Bu farw ar 9 Mehefin 1985 heb weld gwireddu breuddwyd fawr ei fywyd.

Fe'i ganed ar 17 Chwefror 1912 yn Senghennydd ond fe'i codwyd ac fe'i haddysgwyd yn Llanelli. Ar gyngor ac anogaeth ei fam rhoes ei fryd ar actio, gan ymddangos ar lwyfannau lleol megis Theatr Hagger, Llanelli. Yr oedd hefyd

yn un o selogion y sinemâu lleol yn ei ieuenctid, ac ym 1929 aeth i'r Academi Frenhinol i'w hyfforddi, gan dreulio tair blynedd lwyddiannus yno ac ennill prif wobrau'r Academi ar ddiwedd ei gwrs—Gwobrau Northcliffe a'r Academi. Gwnaeth ei ymddangosiad proffesiynol cyntaf yn 19 oed yn chwarae rhan Don Juan yn y ddrama *The Romantic Young Lady*. Yna bu'n teithio yng Nghanada cyn dychwelyd i ymddangos yn *Gallows Glorious* ym 1833 yn y West End yn Llundain. Credir mai mewn cyfieithiad Cymraeg o ddrama Hofmannstal, *Jedermann*, yn yr Eisteddfod Genedlaethol ym 1933 y gwnaeth ei ymddangosiad cyntaf yn y Gymraeg.

Ymddangosodd yn y rhan fwyaf o brif gynyrchiadau ei ddydd gyda rhai o'i gyfoeswyr mwyaf nodedig megis Sybil Thorndike, Charles Laughton a Lesley Howard. Tua dechrau'r 40au dechreuodd gyfarwyddo dramâu yn ogystal. Ym 1950 fe'i penodwyd yn Gyfarwyddwr Theatr y Grand, Abertawe a bu'n gysylltiedig â nifer o gyflwyniadau yng Nghaerdydd yn ogystal. Dychwelodd i actio ym 1951 ac fe'i hamlygodd ei hun weddill ei yrfa yn y gwaith hwnnw.

Cafodd yrfa lewyrchus yn ogystal ym myd ffilmiau, gan gychwyn ym 1936 yn *Ourselves Alone* ac yna ymddangosodd mewn nifer o ffilmiau llwyddiannus megis *Love on the Dole* (1941), *The Foreman Went to France* (1942), *Passport to Treason* (1956) a *One Brief Summer* (1940). Ystyrir mai ei waith mwyaf nodedig ym myd ffilm oedd ei sgriptiau ar gyfer y gomedi *A Run for your Money*.

Yn nau ddegawd olaf ei oes bu'n canolbwyntio ar waith teledu, yn cyflwyno rhaglenni ysgafn a nodwedd, er nad oedd yn hoff o'r cyfrwng. Daeth yn adnabyddus fel Caswell Bligh yn y gyfres *The Power Game* ac mewn cyfresi eraill megis *Stryker of the Yard*.

Dywedir iddo wrthod symud i'r Amerig a Hollywood gan gymaint ei ymroddiad i Gymru. Symudodd yn ôl i fyw i Gymru ym 1980 o Lundain, i dŷ ffarm ger y Trallwm ym Mhowys. Bu farw ei wraig, Hermoine, ym 1983 wedi iddynt ddathlu 40 mlynedd o fywyd priodasol.

GARETH GLYN (Gareth Glynne Davies)
Cerddor, darlledwr. Fe'i ganed ym Machynlleth ar 2 Gorffennaf 1951. Cafodd ei addysg yn Ysgol Bryntaf, Caerdydd (1956-62), Ysgol Uwchradd Caerdydd (1962-65), Ysgol Maes Garmon, yr Wyddgrug (1965-69) a Choleg Merton, Rhydychen. Graddiodd ym 1972 (BA Oxon) a derbyniodd radd MA (Oxon) ym 1979. Y mae hefyd yn LRAM (cyfansoddwr) er 1973.

Ymunodd â BBC Cymru ym 1972 fel cyhoeddwr, a bu wrth y gwaith hwnnw hyd 1974 pan ymgymerodd â swydd Pennaeth Adran Gerdd, Ysgol Maes Garmon. Dychwelodd i swydd cyhoeddwr gyda BBC Cymru ym 1976 ac fe'i dyrchafwyd yn yr un flwyddyn i swydd Pennaeth Adran Gyhoeddi BBC Cymru. Ym 1978 penderfynodd fynd yn gyfansoddwr a darlledwr hunan-gyflogedig. Ef yw un o gyflwynwyr cyson *Post Prynhawn* Radio Cymru.

Mae'n aelod o Gymdeithas Cerddoriaeth Cymru, Urdd Cyfansoddwyr Gwledydd Prydain (CGGB), Cymdeithas Hawliau Perfformio (PRS) a Chymdeithas Ddiogelu Hawlfraint Fecanyddol (MCPS). Cyhoeddwyd a pherfformiwyd nifer o'i gyfansoddiadau megis *Triban* ac *Erddigan* i delyn, *Cadwyn*, *Ga'i Fenthyg Ci? Y Car* i gôr, *Tair Salm* i'r organ, *Clychau'r Gog* i gôr meibion a *Seren Newydd*. Cyhoeddodd nifer o recordiau yn ogystal. Enillodd nifer o wobrau a chomisiynau.

Mae Gareth Glyn yn ŵr priod ac yn dad i ddau o blant—Peredur Glyn a Seiriol Cwyfan. Mae'r teulu'n byw yn y 'Frogwy Fawr', Llangwyllog, Llangefni, Môn (0248-723418). Ymhlith ei ddiddordebau y mae gwrando ar gerddoriaeth, ymhél â ffotograffiaeth, adaryddiaeth, gweld y byd, bwyd a gwin blasus, canu'r piano, ieithoedd, nofio—a gwylltio ysmygwyr ac osgoi dramâu sebon a chwaraeon!

GOULD, Alfred Hugh

Rheolwr y Rheilffyrdd Prydeinig yng Nghymru. Ymgymerodd â'i ddyletswyddau ddechrau Gorffennaf 1985.

Brodor o'r Alban. Fe'i ganed yn Glasgow ar 14 Mehefin 1933. Cafodd ei addysg yn Ysgol Jordanhill, Glasgow (1938-43), Ysgol Uwchradd Glasgow (1944-51), a Phrifysgol Glasgow. Enillodd radd MA y brifysgol honno.

Ymunodd â'r Rheilffyrdd Prydeinig yn syth o'r brifysgol a chafodd ei swydd gyfrifol gyntaf ym 1960 pan wnaethpwyd ef yn orsaf-feistr Burntisland a Kingham yn Fife. Ym 1962 symudodd i bencadlys y Bwrdd fel Cynorthwywr Trenau (Gweithgareddau) ac ym 1965 fe'i penodwyd yn Gynorthwywr Cludwyr, Rhanbarth y Dwyrain gan ymwneud yn arbennig â theithio cyfandirol. Ym 1971 fe'i penodwyd yn Rheolwr Gwerthiant Ewropeaidd ar ran y Rheilffyrdd Prydeinig a Sealink. Ym 1983 symudodd i Ranbarth y Gorllewin fel Prif Reolwr Gwasanaethau Cludiant.

Mae'n ŵr sengl ac ymhlith ei ddiddordebau y mae teithio, cerddoriaeth a ffotograffiaeth a dysgu'r Gymraeg. Mae'n aelod o'r Chartered Institute of Transport.

Mae pencadlys y Rheilffyrdd Prydeinig yng Nghymru yn Tŷ Brunel, 2 Ffordd Fitzalan, Caerdydd (0222-499811).

GRAVELL, Raymond

Chwaraewr rygbi cydwladol. Cyhoeddodd ym 1985 ei fod am roi'r gorau i chwarae'r gêm a chanolbwyntio ar ei yrfa newydd yn y cyfryngau.

Fe'i ganed ar 12 Medi 1951 yng Nghydweli, yn fab i golier yng nglofa'r Pentre Mawr, ond fe'i codwyd ym mhentref Mynydd-y-garreg. Cafodd ei addysg yn Ysgol Porth Tywyn ac Ysgol Ramadeg y Frenhines Elisabeth, Caerfyrddin.

Amlygodd ddawn arbennig pan oedd yn ifanc ac fe gynrychiolodd ei wlad ar y maes rygbi gyda thîm yr ieuenctid. Ymunodd â Chlwb Llanelli ym 1970 gan chwarae dros 450 o gêmau iddynt cyn rhoi'r gorau iddi. Bu'n gapten ar y clwb yn nhymhorau 1980, 1981 a 1982. Yn 1975 cafodd ei ddewis am y

tro cyntaf i chwarae i Gymru, a hynny ym Mharis.
Ymddangosodd 23 o weithiau dros ei wlad hyd nes iddo ddewis
peidio ym 1982. Fe'i dewiswyd i fod yn un o garfan y Llewod ar
eu taith i Dde Affrica ym 1980 ac ymddangosodd yn y pedair
gêm brawf.

Daeth yn ffigwr poblogaidd yng Nghymru ac ar sail ei
boblogrwydd fe'i gwahoddwyd i ymddangos ar y radio a'r
teledu ar 1975. Ymddangosodd ar raglenni megis *Pobol y Cwm*,
Glas y Dorlan, *Bowen a'i Bartner* a *Reslo*, ac ymunodd â thîm
Teulu-ffôn ym 1983 fel cyflwynydd. Fis Medi 1985 ymunodd â
Radio Cymru fel cyflwynydd rhaglenni cyffredinol o
Abertawe—bu'n cynnal rhai rhaglenni ar Sain Abertawe cyn
gwneud gyrfa o ddarlledu.

Y mae hefyd yn sylwebydd cyson ar y gêm rygbi a'r teledu,
ac ef a Huw Llywelyn Davies roes y sylwebaeth Gymraeg
gyntaf yn fyw ar gêm gydwladol ar y teledu ym 1982.

Fel Cymro twymgalon, rhoes ei gefnogaeth i Blaid Cymru a'r
Urdd, a cherddoriaeth Gymraeg yw ei hoff ddifyrrwch
hamdden. Cyhoeddwyd ei hunangofiant, *Grav*, ym 1986.

Cyn iddo ymuno â'r BBC bu'n gweithio fel swyddog
ieuenctid gyda Chomisiwn y Gweithlu (yr MSC).

GRUFFYDD, Yr Athro Robert Geraint

Un o ysgolheigion amlycaf Cymru. Fe'i penodwyd ym 1985 yn
Gyfarwyddwr amser-llawn cyntaf Canolfan Uwchefrydiau
Cymreig a Cheltaidd Prifysgol Cymru yn Aberystwyth.
Sefydlwyd y Ganolfan ym 1978.

Ganed Geraint Gruffydd yn Nhal-y-bont, Meirionnydd, ar 9
Mehefin 1928 yn fab i'r amaethwr a'r cenedlaetholwr Moses
Griffith a'i wraig, Ceridwen. Fe'i maged yn Nhal-y-bont,
Cwmystwyth a Chapel Bangor. Wedi derbyn ei addysg gynnar
aeth i Goleg yr Iesu, Rhydychen. Enillodd raddau BA a DPhil.
Fe'i penodwyd ym 1953 i swydd ar staff olygyddol Geiriadur
Prifysgol Cymru yn Aberystwyth a bu yn y swydd honno hyd
nes y'i hapwyntiwyd i swydd darlithydd yn Adran y Gymraeg
ym Mangor ym 1955. Bu yno hyd 1970 pan symudodd i
Aberystwyth i Gadair Iaith a Llenyddiaeth Gymraeg Coleg
Prifysgol Cymru. Yna, ym 1980, fe'i penodwyd yn Llyfrgellydd
Llyfrgell Genedlaethol Cymru.

Prif faes ei efrydiau fu rhyddiaith y Dadeni a'r Diwygiad Protestannaidd. Cyhoeddodd nifer o erthyglau ac astudiaethau arloesol ar hanes argraffu cynnar Cymru, yn eu plith ei ddarlith agoriadol *Argraffwyr Cyntaf Cymru* ym 1972, ond fe fu hefyd yn fawr ei gyfraniad i gyfnod y Cywyddwyr, i astudiaethau pwysig ar waith y Cynfeirdd, a rhyddiaith yr Oesoedd Canol. Golygodd gasgliad o draethodau Saunders Lewis yn y gyfrol *Meistri'r Canrifoedd* (1973) a chasgliad o erthyglau ac ysgrifau mewn cyfrol deyrnged i'r Athro J. E. Caerwyn Williams, *Bardos* (1982) ac ef oedd golygydd y flodeugerdd o farddoniaeth gyfoes *Cerddi '73*. Ymhlith ei weithiau diweddar eraill y mae *Daniel Owen a Phregethu* (1980), a *Marwnad Llywelyn yr Ail* (1979). Bu hefyd yn gyfrannwr cyson i'r *Cylchgrawn Efengylaidd*.

Y mae Geraint Gruffydd yn ŵr priod er 1953 ac y mae iddo ef a'i wraig dri o blant, dau fab ac un ferch. Y mae'n byw yn Aberystwyth, yn 'Eirianfa', Ffordd Caradog. Bu'n aelod o nifer fawr o gyrff a sefydliadau Cymreig, gan gynnwys yr Academi Gymreig a Chyngor Celfyddydau Cymru; bu'n Gadeirydd y Cyngor Llyfrau Cymraeg, yn Llywydd Cymdeithas Llyfrgelloedd Cymru ac yn aelod o Fwrdd Gwasg Prifysgol Cymru, y Bwrdd Gwybodau Celtaidd, Llys Coleg Prifysgol Cymru, Aberystwyth a Chyngor Gwasanaethau Llyfrgell a Gwybodaeth Cymru.

GUEST, George Hywel

Organydd, côr-feistr a chymrodor yng Ngholeg Sant Ioan, Caer-grawnt, er 1951. Arweinydd a chôr-feistr Côr Ieuenctid

Cenedlaethol Cymru a sefydlwyd ym 1984 ac a roes ei berfformiad cyntaf yn Eisteddfod Genedlaethol Cymru y Rhyl 1985. Fe'i penodwyd yn Gyfarwyddwr Gŵyl Llandaf o 1986 ymlaen. Wyneb cyfarwydd yn Eisteddfod Genedlaethol Cymru lle mae'n beirniadu'n gyson.

Fe'i ganed ym Mangor ar 9 Chwefror 1924. Cafodd ei addysg yn ysgolion Hirael, Ysgol y Santes Fair ac Ysgol Friars. Aeth wedyn i Ysgol y Brenin, Caer, ac oddi yno i Goleg Sant Ioan, Caer-grawnt. Bu'n gantor yn Eglwysi Cadeiriol Bangor (1933-35) a Chaer (1935-39). Gwasanaethodd yn yr Awyrlu rhwng 1942 a 1946. Fe'i penodwyd yn is-organydd Eglwys Gadeiriol Caer ym 1946 a dychwelodd i Goleg Sant Ioan fel efrydydd organ rhwng 1947 a 1951. Ym 1953 fe'i penodwyd yn ddarlithydd cynorthwyol mewn Cerddoriaeth yng Nghaer-grawnt ac yn ddarlithydd ym 1956. Mae'n meddu graddau MA, MusD, FRCO a FRSCM. Derbyniodd nifer o wahoddiadau i ddysgu mewn prifysgolion a cholegau tramor a bu'n arholwr a thiwtor gwadd yn yr Academi Frenhinol. Bu'n Llywydd Coleg Brenhinol yr Organyddion rhwng 1978 a 1980 ac yn Llywydd Cymdeithas Organyddion yr Eglwysi Cadeiriol rhwng 1980 a 1982. Y mae'n aelod o Gymdeithas y Cymmrodorion, yr Urdd er Hyrwyddo Cerddoriaeth Cymru, Cymdeithas yr Iaith Gymraeg, Plaid Cymru, yr Eglwys yng Nghymru a Gorsedd y Beirdd.

Cyhoeddodd nifer fawr o erthyglau mewn amryfal gylchgronau yn ymwneud â cherddoriaeth. Ymhlith ei ddiddordebau pennaf y mae iaith a llenyddiaeth Cymru, pêl-droed broffesiynol, ac eisteddfota.

Y mae'n briod er 1959 ac y mae'n dad i ddau o blant—mab a merch. Mae'r teulu yn byw yn 9 Gurney Way, Caer-grawnt (0223-61621).

GUY, Alun

Cerddor. Pennaeth yr Adran Gerdd yn Ysgol Gyfun Gymraeg Glantaf, Caerdydd. Ym 1985 fe'i penodwyd yn arweinydd Côr Cydwladol Ieuenctid Dros Heddwch a fu'n perfformio yn Aberystwyth, Bangor a Chaerdydd yn ystod mis Ebrill.

Brodor o Gaerdydd, fe'i ganed ar 8 Rhagfyr 1939. Cafodd ei addysg yn Ysgol Llwyn-y-Fedw, Caerdydd (1944-50), Ysgol

Ramadeg y Bechgyn, Cathays, Caerdydd (1950-58) a Choleg y Brifysgol, Caerdydd. Enillodd radd anrhydedd BA mewn Cerddoriaeth ym 1961 a chwblhaodd gwrs Diploma mewn Addysg ym 1962.

Bu'n athro cerdd yn Ysgol Ramadeg y Bechgyn ym Mhontypridd o 1963 hyd 1978 pryd y penodwyd ef i'w swydd bresennol.

Mae'n ŵr priod ac y mae ganddo ef a'i wraig, Meinwen, un ferch, Sioned Mererid. Mae'r teulu'n byw yn 10 Heol Llanishen Fach, Rhiwbeina, Caerdydd (0222-623704).

Mae Alun Guy yn aelod o Gyngor yr Eisteddfod Genedlaethol a phaneli cerdd yr eisteddfod honno ac Eisteddfod Genedlaethol Urdd Gobaith Cymru. Bu'n feirniad cerdd ar sawl achlysur yn eisteddfodau'r Urdd a'r Eisteddfod Genedlaethol. Y mae hefyd yn arweinydd cymanfaoedd canu. Bu'n aelod o banel golygyddol cyhoeddiadau cerdd yr Annibynwyr.

Bu'n arweinydd Côr Aelwyd Caerdydd o 1961 i 1976— cyfnod hynod lewyrchus yn ei hanes—ac er 1978 mae'n arweinydd Côr Philharmonig Caerdydd.

Cyhoeddodd nifer o erthyglau ar gerddoriaeth yn *Cerddoriaeth Cymru/Welsh Music* a'r *Faner* ac y mae ar hyn o bryd yn llunio nifer o ysgrifau bywgraffyddol yn y Gymraeg ar gerddorion y byd.

GWYNN, Harri (1913-1985)
Darlledwr, bardd a gohebydd. Bu farw mewn ysbyty yng Nghaernarfon ar 24 Ebrill 1985.

Fe'i ganed yn Llundain ar 14 Chwefror 1913 ond yng Nghymru y'i maged ac aeth i Ysgol y Cyngor, Penrhyndeudraeth, ac Ysgol Sir Abermo. Yna aeth i Goleg y Brifysgol, Bangor, a graddio gydag anrhydedd mewn Hanes ym 1935. Derbyniodd ei Ddiploma Addysg ym 1936 a gradd MA ym 1938 am draethawd ar hanes Crynwyr Cymru. Tra oedd ym Mangor bu'n Llywydd y Myfyrwyr. Rhwng 1940 a 1941 bu'n athro yn Ysgol Ganol y Fflint a bu am gyfnod byr ym 1941 yn athro hanes yn Ysgol Friars, Bangor. Yna ym 1942 ymunodd â'r Gwasanaeth Sifil a bu'n dal swyddi yn Llundain a Warwick cyn dychwelyd i Gymru ym 1950. Bu'n amaethu rhwng 1950 a 1962 yn Rhos-lan, Eifionydd, ac yna'n ddarlledwr ac yn ohebydd gyda'r BBC hyd 1978 pryd yr ymddeolodd. Bu'n golofnydd cyson i'r *Cymro*—ystyrir ei golofn 'Rhwng Godro a Gwely' yn gyfraniad pwysig—a bu'n adolygwr llyfrau cyson yn yr un wythnosolyn rhwng 1958 a 1969. Ef hefyd oedd un o ohebwyr cynharaf y rhaglen *Heddiw* yn nyddiau arloesol radio a theledu yn yr iaith Gymraeg.

Cyhoeddodd nifer o gyfrolau—y gyfrol ddychanol *Y Fuwch a'i Chynffon* ym 1954 oedd y gyntaf. Cyhoeddodd ddwy gyfrol o farddoniaeth: *Barddoniaeth Harri Gwynn* (1955) ac *Yng Nghoedwigoedd y Sêr a Cherddi Eraill* (1975). Cyfrannodd gerddi ac ysgrifau i nifer o gylchgronau yn ogystal. Bu'n Ysgrifennydd Eisteddfod Genedlaethol Pwllheli 1955 ond y mae ei berthynas â'r sefydliad hwnnw yn fwyaf enwog am i'w bryddest 'Y Creadur' ddod i frig y gystadleuaeth yn Aberystwyth ond ni choronwyd ef oherwydd gwrthwynebiad W. J. Gruffydd, un o'r beirniaid.

Gedy weddw, Dr. Eirwen Gwynn, ac un mab, Dr. Iolo ap Gwynn.

HARLECH, Yr Arglwydd (1918-1985)

Gwleidydd, llysgennad a gŵr busnes a ddaeth yn amlwg ym mywyd cyhoeddus Cymru. Cysylltir ei enw â chwmni teledu HTV; bu'n Gadeirydd y cwmni o'r cychwyn, a bu hefyd yn Is-gadeirydd Banc Masnachol Cymru. Cynhaliai gartref yn y 'Glyn', Talsarnau, Gwynedd. Bu farw mewn damwain ger Croesoswallt ar 26 Ionawr 1985.

Fe'i ganed ar 20 Medi 1918. Derbyniodd addysg fonedd yn Eton a New College, Rhydychen. Yna ymunodd â'r fyddin ym 1939 ac fe'i dyrchafwyd yn Uchgapten erbyn 1945. Wedi'r rhyfel bu'n rheoli stadau'r teulu ger Croesoswallt ac yn y 'Glyn', gan ddechrau dangos diddordeb mewn gwleidyddiaeth. Fe'i hetholwyd yn aelod seneddol (Ceidwadol) dros etholaeth

Croesoswallt ym 1950 ac fe'i daliodd hyd 1961. Fe'i penodwyd i swyddi pwysig yn fuan iawn o fewn y Llywodraeth. Bu'n un o weinidogion y Swyddfa Dramor wedi Tachwedd 1956 ac fe'i penodwyd yn Weinidog Tramor yn yr un flwyddyn. Ym 1961 fe'i penodwyd yn Llysgennad Prydain yn Washington yn yr Unol Daleithiau. Bu'n hynod lwyddiannus yn y swydd honno yn ôl sylwebyddion y cyfnod a bu yno hyd 1965.

Etifeddodd yr arglwyddiaeth pan fu farw'i dad ym 1964 ac wedi dychwelyd i Gymru ymddiddorai fwyfwy mewn busnes a masnach a than ei arweiniad enillodd ei gwmni, Teledu Harlech, y drwydded deledu annibynnol yng Nghymru a de-orllewin Lloegr. Fe'i penodwyd hefyd yn Gadeirydd Bwrdd y Sensoriaid Ffilm.

Parhaodd â'i waith fel cennad a gwleidydd, gan chwarae rhan bwysig yn y mudiad i sicrhau bod Prydain yn ymaelodi â'r Farchnad Gyffredin a bu hefyd yn gymodwr yn helynt Rhodesia a'i hannibyniaeth. Yr oedd ganddo ran amlwg hefyd mewn gweithgareddau cymdeithasol ac elusennol—bu'n gadeirydd *Shelter* o 1969 hyd 1973, a bu'n noddwr i wahanol sefydliadau cerddorol a chelfyddydol. Bu'n amlwg hefyd mewn mudiadau yn gweithio dros ddiwygio'r system etholiadol ym Mhrydain. Daeth nifer o anrhydeddau a graddau i'w ran yn ystod ei oes, megis doethuriaethau anrhydeddus Prifysgolion Pittsburgh a Brown Efrog Newydd a Phrifysgol Manceinion.

Meddai bersonoliaeth liwgar. Hoffai gerddoriaeth fodern a jazz, ceir cyflym a rasio ceffylau, ac nid ystyrid ef yn aelod rheolaidd o'r haen aristocrataidd. Er hynny yr oedd agweddau trist i'w fywyd: bu farw ei wraig gyntaf mewn damwain ym 1967 a bu farw ei etifedd ym mis Tachwedd 1974.

Fe'i claddwyd ym mynwent Llanfihangel-y-traethau yn Nhalsarnau ar 1 Chwefror 1985.

HOOSON, Tom Ellis (1933-1985)
Aelod Seneddol (Ceidwadol) Brycheiniog a Maesyfed o 1979 hyd nes y bu farw ar 8 Medi 1985 wedi cyfnod hir o salwch. Cyn iddo gipio'r sedd bu'r etholaeth ym meddiant y Blaid Lafur am gyfnod o 30 mlynedd. Fe'i hystyrid yn aelod cydwybodol, gweithgar a phoblogaidd ymhlith ei etholwyr.

Yr oedd yn Gymro Cymraeg a aned yn Ninbych ar 16 Mawrth 1933. Cafodd ei addysg yn Ysgol Ramadeg y Rhyl,

Coleg y Brifysgol, Rhydychen, a Gray's Inn. Er iddo astudio'r Gyfraith, dilynodd alwedigaeth yn y byd cyhoeddi, hysbysebu a marchnata ym Mhrydain, yn yr Unol Daleithiau a Ffrainc. Ymgeisiodd am sedd seneddol am y tro cyntaf yn etholaeth Caernarfon ym 1959, ac er iddo fod yn aflwyddiannus, parhaodd ei yrfa yn un lewyrchus. Bu gyda chwmni Benton a Bowles o 1961 hyd 1976 gan weithredu fel Cyfarwyddwr y Gweithgareddau Ewropeaidd wedi 1971.

Yna, ym 1976, fe'i penodwyd i swydd Cyfarwyddwr Cyfathrebu yn Swyddfa Ganolog y Blaid Geidwadol, a bu yn y gwaith hwnnw hyd 1978 gan amlygu'i ddoniau cysylltiadau cyhoeddus. Ym 1978 fe'i penodwyd yn Gyfarwyddwr Cyffredinol Cymdeithas y Cyhoeddwyr Cyfnodolion a pharhaodd yn y swydd honno wedi iddo ennill sedd Brycheiniog a Maesyfed.

Bu'n cynnal ei gysylltiadau â Chymru yn ysbeidiol—sefydlodd y cylchgrawn *Welsh Farm News* ym 1957 a chyhoeddodd lyfryn yn dwyn y teitl *Work for Wales* ym 1959.

Yr oedd yn ŵr dibriod ac yn unigolyn bywiog a ffraeth.

HOWELLS, Kim Scott

Swyddog ymchwil Undeb Cenedlaethol y Glowyr yn Ne Cymru. Gŵr a fu'n amlwg fel llefarydd ar ran y glowyr yn ystod yr anghydfod hir a ddaeth i ben ddiwedd Chwefror 1985, a gŵr a enillodd barch a chydymdeimlad i safiad y glowyr.

Fe'i ganed ym Merthyr ar 11 Tachwedd 1946 a'i godi ym Mhen-y-waun ger Aberdâr. Aeth o Ysgol Gynradd Pen-y-waun i Ysgol Ramadeg Aberpennar ym 1958 ac oddi yno i Goleg Celf Hornsea, Llundain, ym 1965 lle bu'n astudio celfyddyd gain, arlunio, cerflunio, ffilm a ffotograffiaeth. Yr oedd yn flaengar iawn yng ngwleidyddiaeth y myfyrwyr yn y coleg. Cyn cwblhau ei gwrs dychwelodd i Gymru a bu'n gweithio fel labrwr yn y ffwrneisi golosg yng ngwaith dur East Moors Caerdydd o 1969 hyd 1970. Yna aeth i weithio i Swydd Efrog, ger Castleford, a Thornhill, ger Dewsbury, rhwng 1970 a 1971. Bu hefyd yn chwarae rygbi'r gynghrair yn y cyfnod hwnnw.

Ailafaelodd yn ei yrfa academaidd ym 1972 a graddiodd mewn Saesneg a Hanes ym 1975 o Goleg Technegol Caer-grawnt. Aeth ymlaen i Brifysgol Warwick ym 1975 lle'r enillodd radd Doethur ym 1979 am draethawd yn ymwneud â chenedlaetholi'r diwydiant glo yn ne Cymru. Tra'n gwneud ei waith ymchwil bu'n darlithio mewn hanes yng Nghaer-grawnt. Dychwelodd i Gymru ym 1979 i weithio yn Llyfrgell Glowyr De Cymru ym Mhrifysgol Abertawe gyda'i gyfaill, Hywel Francis, ac eraill. Bu yno hyd 1981 pryd y penodwyd ef i'w swydd bresennol ym Mhencadlys yr Undeb ym Mhontypridd.

Yn ystod streic y glowyr bu'n gyfrifol am sefydlu Cyngres Cymru i Gefnogi'r Cymunedau Glofaol. Ei ddiddordeb mawr yw gwleidyddiaeth y diwydiannau ynni ac ef yw golygydd papur newydd glowyr y de, *South Wales Miner*. Cyhoeddodd nifer o erthyglau, papurau a llyfrynnau yn ymwneud â thestunau llosg y maes glo a'r diwydiant ynni, yn arbennig wedi diwedd y streic fawr.

Y mae Kim Howells yn ŵr priod—y mae ei wraig, Eirlys, hithau o'r de ac yn Gymraes rugl. Mae ganddynt ddau o blant, Seren a Cai.

Yn ystod ei oriau hamdden mae'n ymddiddori mewn mynydda, llenyddiaeth, ffilmiau, celfyddyd yn gyffredinol, jazz, gwleidyddiaeth ac Ewrop.

Mae Kim Howells a'i deulu yn byw yn 30 Berw Road, Pontypridd, Morgannwg Ganol, nid nepell o bencadlys yr Undeb.

HUGHES, David John

Prif Swyddog Cynllunio Cyngor Bwrdeistref Arfon ac ysgrifennydd Cymdeithas Swyddogion Cynllunio Cynghorau Dosbarth Cymru.

Brodor o Gaergybi. Fe'i ganed ar 19 Medi 1949. Cafodd ei addysg yn ysgolion cynradd Cybi, Caergybi, a Phorthmadog. Bu'n ddisgybl yn ysgolion uwchradd Eifionydd, Porthmadog (1961-62) a Friars, Bangor (1962-68). Yna aeth i Athrofa Gwyddoniaeth a Thechnoleg Prifysgol Cymru, Caerdydd, ym 1968. Graddiodd ym 1972 ac fe sicrhaodd ddiploma mewn Cynllunio Dinesig ym 1973. Bu hefyd yn efrydydd ym Mhrifysgol Salford yn dilyn cwrs gradd uwch MSc yn rhan amser rhwng 1979 a 1982 a'i gwblhau yn llwyddiannus.

Bu'n gynorthwywr cynllunio ar gynghorau sir Morgannwg (1971-72) a Maldwyn (1973-74). Yna fe'i penodwyd yn Uwch Swyddog Cynllunio, Cyngor Bwrdeistref Arfon, ym 1974, ei ddyrchafu'n Ddirprwy Brif Swyddog Cynllunio ym 1975 ac yna

ei ddyrchafu'n Brif Swyddog, sef ei swydd bresennol, ym 1984.

Bu'n diwtor i'r Brifysgol Agored o 1982 hyd 1985. Y mae'n aelod o'r Sefydliad Cynllunio Dinesig Brenhinol.

Mae'n ŵr priod ac y mae ganddo ef a'i wraig, Beryl, ddau o blant, Lois Mererid a Dafydd Llŷr. Mae David Hughes yn ymddiddori mewn chwaraeon—mae'n un o selogion Ffordd Farrar, Bangor; mae'n hoff o gerddoriaeth, hanes lleol, hanes trafnidiaeth a theithio. Mae'n Gymro rhugl. Mae'r teulu yn byw yn 'Siglan', Ffordd Penmynydd, Llanfair Pwllgwyngyll, Ynys Môn (0248-714821).

HUMPHREYS, Alwyn

Cynhyrchydd teledu yn Adran Addysg BBC Cymru a chyflwynydd rhaglenni radio megis *Cywair, Canu Cloch* a rhaglenni byw o'r Eisteddfod Genedlaethol.

Brodor o Fodffordd, Ynys Môn. Fe'i ganed ar 14 Mai 1944. Cafodd ei addysg yn Ysgol Gynradd Bodffordd (1947-55), Ysgol Gyfun Llangefni (1955-63) a Phrifysgol Hull (1963-66). Cafodd radd anrhydedd mewn Cerddoriaeth ac mae ganddo ddiploma Coleg Cerdd y Drindod, Llundain, yn ogystal.

O 1966 hyd 1968 bu'n athro cerddoriaeth mewn ysgolion yng Nglannau Merswy ac ym 1968 fe'i penodwyd yn ddarlithydd Cerdd yng Ngholeg Mabel Fletcher, Lerpwl. Symudodd yn ôl i Gymru ym 1973 pryd y penodwyd ef yn Bennaeth yr Adran Gerdd, Ysgol Uwchradd Caergybi, a bu yn y swydd honno hyd

nes y penodwyd ef i'w swydd bresennol ym 1976. Wedi iddo symud i dde Cymru fe'i penodwyd ym 1979 yn arweinydd Côr Meibion Orffews Treforys.

Teithiodd yn helaeth gyda'r côr hwnnw gan ymddangos ar rai o brif lwyfannau cerdd Cymru, Prydain a nifer o wledydd tramor. Cyhoeddwyd nifer o ddarnau a gyfansoddodd ac a drefnodd ar gyfer corau meibion.

Ei brif ddiddordeb hamdden yw darllen cofiannau.

Y mae Alwyn Humphreys yn ŵr priod ac y mae ganddo ef a'i wraig, Esther, sy'n athrawes, ddau o blant, Deian Llŷr a Manon. Mae'r teulu yn byw yn 1 Greenwood Road, Llandaf, Caerdydd (0222-567379).

JAMES, Goronwy Wyn
Ysgrifennydd Cyffredinol Undeb Cenedlaethol Athrawon Cymru.

Brodor o Geredigion. Fe'i ganed yn Beulah, ger Aberteifi, ar 3 Mehefin 1938 ac fe'i haddysgwyd yn Ysgol Gynradd Beulah, Ysgol Ramadeg Aberteifi a Choleg y Brifysgol, Abertawe. Graddiodd mewn Ffiseg a chwblhaodd Ddiploma mewn Addysg yno.

Ym 1962 fe'i penodwyd yn athro cynorthwyol mewn mathemateg a gwyddoniaeth yn Ysgol y Moelwyn, Blaenau Ffestiniog. Ym 1965 fe'i penodwyd yn Bennaeth Adran Ffiseg Ysgol Uwchradd Llanfyllin, ac ym 1968 cafodd swydd gyffelyb

yn Ysgol Uwchradd Llanymddyfri. Ym 1973 bu'n Bennaeth Adran Ffiseg Ysgol Ramadeg Llandysul am gyfnod cyn iddo gael ei benodi yn Brifathro Ysgol Gynradd Capel Cynon yng Ngheredigion. Ym 1981 fe'i penodwyd yn Brifathro Ysgol Gynradd Pontgarreg. Ym 1983 fe'i penodwyd yn Drefnydd Cenedlaethol UCAC, ac fe newidiwyd teitl ei swydd ym 1985 i Ysgrifennydd Cyffredinol.

Mae'n aelod o'r Gymdeithas Gerdd Dafod, sef Barddas, ac mae'n aelod o Dîm Talwrn y Beirdd Crannog. Y mae hefyd yn aelod o Gymdeithas Bob Owen, o APEX (Undeb y Gweinyddwyr) ac Undeb Amaethwyr Cymru. Y mae'n dyddynnwr ac yn berchen diadell o ddefaid. Y mae'n feirniad eisteddfodol ac yn ddarlledwr hysbys. Ef yw swyddog gweinyddol eglwysi Annibynnol Beulah, Brynmair a Brynmoriah.

Enillodd Wobr Goffa Llwyd o'r Bryn—Rhuban Glas yr Adroddwyr—yn Eisteddfod Genedlaethol Cymru Rhydaman, ac enillodd dystysgrif arweinyddion ieuenctid siroedd gogledd Cymru.

Y mae'n ŵr priod—mae ei wraig, Mererid, yn Drefnydd Cenedlaethol Merched y Wawr—ac mae ganddynt ddau o blant, Meleri Wyn a Catrin Wyn. Mae'r teulu'n byw yn 'Penlan-Merwyn', Aberporth, Aberteifi (0239-810728).

JONES, David Evan Alun

Cyn-ombwdsman llywodraeth leol yng Nghymru. Fe'i penodwyd yn Chwefror 1980 a bu yn y swydd hyd ei ymddeoliad fis Medi 1985, yn archwilio cwynion am gamweinyddu gan awdurdodau lleol a chyrff a sefydliadau'r Llywodraeth yng Nghymru o swyddfa'r Ombwdsman ym Mhen-y-bont ar Ogwr.

Brodor o Aberaeron. Fe'i ganed ar 9 Awst 1925 yn fab i gapten llong. Derbyniodd ei addysg yn ysgolion cynradd ac uwchradd Aberaeron. Yna aeth i Goleg Prifysgol Cymru, Aberystwyth, i astudio'r Gyfraith ym 1942. Amharwyd ar ei gyfnod o astudio yno gan iddo ymuno â'r Awyrlu ym 1943. Dychwelodd i Aberystwyth ym 1947 a chwblhau ei radd ym 1949. Dyfarnwyd iddo Wobr Syr Samuel Evans fel myfyriwr disgleiriaf ei flwyddyn. Yna bu'n astudio ar gyfer ei erthyglau gyda chyfreithiwr yn Exeter cyn cychwyn ar yrfa lwyddiannus mewn llywodraeth leol. Bu'n gweithio am gyfnodau yn Southampton, Berkshire, Surrey ac Ilford cyn dychwelyd i Gymru ym 1961 pryd y'i penodwyd yn Ddirprwy Glerc Cyngor Sir Dinbych. Fe'i dyrchafwyd i fod yn Glerc a Phrif Weithredwr y cyngor hwnnw ym 1971. Ym 1974, adeg ad-drefnu llywodraeth leol, fe'i penodwyd yn Brif Weithredwr Cyngor Sir Gwynedd a bu yn y gwaith hwnnw hyd ei benodiad i swydd Ombwdsman Cymru.

Bu'n aelod o nifer o gyrff amlwg yng Nghymru. Y mae'n aelod o Gyngor Coleg Prifysgol Gogledd Cymru, Cyngor Darlledu Cymru, Llys, Cyngor a Gorsedd Eisteddfod Genedlaethol Cymru a Chymdeithas y Cymmrodorion. Y mae hefyd yn flaenor yn ei gapel ym Miwmares.

Y mae'n ŵr priod ac yn dad i ddau o fechgyn. Mae'n rhestru hwylio, chwarae golff, garddio a gwylio gêmau rygbi ymhlith ei brif ddiddordebau. Mae'n parhau i fyw yn 'Min-y-don', Biwmares, Ynys Môn (0248-810225).

JONES, David Morris

Golygydd Newyddion a Materion y Dydd, BBC Cymru. Fe'i penodwyd i'w swydd bresennol fis Mehefin 1985 i olynu Arwel Ellis Owen.

Ganed ym Miwmares, Ynys Môn, ar 24 Mawrth 1940 a'i addysgu yn ysgol gynradd ac ysgol uwchradd y dref honno.

Aeth yn fyfyriwr i Goleg Prifysgol Gogledd Cymru, Bangor, lle graddiodd mewn Economeg a Hanes, ac fe gwblhaodd Ddiploma mewn Addysg yn ogystal.

Cychwynnodd ar ei yrfa newyddiadurol gyda'r *Daily Post* yn Lerpwl ac ymunodd â BBC Cymru ym 1963 fel Cynorthwy-ydd Newyddion. Wedi hynny bu'n gweithio fel Uwch Gynorthwy-ydd Newyddion, cynhyrchydd newyddion teledu a chynhyrchydd *Wales Today*. Yr oedd yn Rheolwr Golygyddol Newyddion a Materion Cyfoes cyn iddo gael ei benodi i'w swydd newydd.

Y mae'n aelod o Gymdeithas Golygyddion Prydain a hefyd o'r Gymdeithas Deledu Frenhinol.

Ei brif ddiddordeb hamdden yw hwylio.

Mae David Morris Jones, sy'n Gymro Cymraeg, yn ŵr priod ac yn dad i ddwy o ferched, Siân ac Eira. Mae'r teulu yn byw ym Mhenarth.

JONES, Glyn Merfyn

Prifathro Ysgol Uwchradd Glan Clwyd. Brodor o Rhiwlas ger Croesoswallt. Fe'i ganed ar 24 Rhagfyr 1939.

Bu'n ddisgybl yn Ysgol Gynradd Rhiwlas (1944-50) ac Ysgol Ramadeg Llangollen (1950-58) cyn mynd yn fyfyriwr i Goleg Prifysgol Cymru, Aberystwyth, ym 1958. Graddiodd gydag anrhydedd yn y Gymraeg yn 1961. Aeth ymlaen i ddilyn cwrs

Tystysgrif Addysg ym Mangor a'i gwblhau'n llwyddiannus ym 1962. Ym 1982 cwblhaodd gwrs diploma Prifysgol Cymru mewn Rheoli Ysgolion.

Cafodd ei swydd gyntaf ym 1962 fel athro Cymraeg yn Ysgol Ramadeg Penarlâg. Bu yno hyd 1967 pryd y penodwyd ef yn Bennaeth Adran Gymraeg Ysgol Uwchradd Glannau Dyfrdwy yn Queensferry. Ym 1977 fe'i penodwyd ef yn Ddirprwy Brifathro Ysgol Glan Clwyd ac yna fe'i penodwyd i olynu Desmond Healy ym 1985.

Bu'n aelod o Banel Cymraeg Cyd-Bwyllgor Addysg Cymru ac yn Brif Arholwr TAU Cymraeg 3 ar ran y Cyd-Bwyllgor o 1978 i 1982.

Y mae'n ŵr priod ac y mae ganddo ef a'i wraig, Winifred (Jones gynt), ddau o fechgyn, Geraint a Hywel.

Yn ystod ei oriau hamdden mae'n hoff o gerdded, garddio, byd natur, darllen, pêl-droed ac athletau a chystadlaethau cwis.

Ymgymerodd â'i swydd yn Ysgol Glan Clwyd, Ffordd Uchaf Dinbych, Llanelwy (0745-582611) fis Ebrill 1985.

JONES, Gwerfyl Pierce
Pennaeth Adrannau Golygyddol a Chyhoeddusrwydd y Cyngor Llyfrau Cymraeg ac, er Ionawr 1986, Dirprwy Gyfarwyddwr y Cyngor Llyfrau Cymraeg.

Fe'i ganed yng Nghaergybi, Ynys Môn (lle mae ei theulu yn dal i fyw) ar 13 Tachwedd 1949. Cafodd ei haddysg yn Ysgol

Gynradd y Parchedig Thomas Ellis (1953-60), Ysgol Uwchradd Caergybi (1960-67) a Choleg Prifysgol Gogledd Cymru, Bangor (1967-72). Graddiodd gydag anrhydedd yn y Dosbarth Cyntaf yn y Gymraeg ym 1970. Yna bu'n gwneud gwaith ymchwil, a dyfarnwyd gradd MA (Prifysgol Cymru) iddi ym 1974 am draethawd ar 'Agweddau ar Gefndir Syniadau yng Nghymru yn ystod Ail Hanner yr Ail Ganrif ar Bymtheg (1660-1710)'.

Ym 1972 fe'i penodwyd yn ddarlithydd yn Adran y Gymraeg, Coleg Prifysgol Dewi Sant, Llanbedr Pont Steffan, swydd y bu ynddi hyd 1974 pan symudodd i Gaerdydd i fod yn Swyddog Llenyddiaeth gyda Chyngor Celfyddydau Cymru ac Ysgrifennydd Adran Gymraeg yr Academi Gymreig.

Ym 1976 fe'i penodwyd yn Bennaeth Adrannau Golygyddol a Chyhoeddusrwydd y Cyngor Llyfrau yn Aberystwyth.

Y mae'n aelod o Gymdeithas Cysylltiadau Cyhoeddus Cymru (ac yn Gyn Is-gadeirydd), o Lys Coleg Prifysgol Cymru, Aberystwyth, o Banel Llenyddiaeth Plant Cyngor Celfyddydau Cymru, o Bwyllgor Tramor yr Academi Gymreig ac o lu o bwyllgorau eraill ym maes cyhoeddi. Fe'i penodwyd yn ddiweddar yn aelod o Gyngor Gwasanaethau Llyfrgell a Hysbysrwydd (Cymru).

Ei diddordebau yw darllen, y theatr a theithio.

Y mae Gwerfyl Pierce Jones yn sengl. Mae'n byw yn 'Dyfrdwy', 41 Ger-y-llan, Penrhyn-coch ger Aberystwyth.

JONES, Hywel Francis

Comisiynydd Lleol dros Weinyddu Lleol yng Nghymru (yr Ombwdsman Cymreig) er 1985, ac olynydd Alun Jones.

Fe'i ganed ar 28 Rhagfyr 1928 yn Nhreforys. Cafodd ei addysg gynnar yn Nhreforys (1933-39), ac yn Ysgol Ramadeg Abertawe (1939-46) cyn mynd i Goleg Ioan Sant, Caer-grawnt ym 1946. Graddiodd ym 1949 mewn Mathemateg ac Economeg, a chafodd radd MA ym 1953. Bu'n ysgrifennydd Cymdeithas y Mabinogion tra bu yng Nghaer-grawnt.

Rhwng 1949 a 1956 bu ar staff Bwrdeistref Sirol Abertawe. Ym 1956 fe'i penodwyd yn Brif Gyfrifydd ac yn Ddirprwy Drysorydd Sirol Cyngor Sir Brycheiniog. Ym 1959 fe'i penodwyd yn Brif Gynorthwy-ydd yn Adran Trysorydd Sir Gaerfyrddin a bu yn y gwaith hyd 1966 pan symudodd i fod yn Drysorydd Bwrdeistref Port Talbot. Ym 1975 fe'i penodwyd yn

Ysgrifennydd y Comisiwn dros Weinyddu Lleol yng Nghymru, swydd y bu ynddi hyd nes y dyrchafwyd ef yn Gomisiynydd ym 1985. Mae ei swyddfa yn Derwen House, Court Road, Pen-y-bont ar Ogwr (0656-61326/6).

Bu Hywel Jones yn aelod o CIPFA er 1953, yn aelod o grŵp astudiaeth LAMSAC ar ddatblygiad cyfrifiaduron yng Nghymru o 1968 hyd 1972, yn aelod o'r Public Works Loan Board o 1971 hyd 1975 ac yn gynghorwr cyllidol i Fwrdeistrefi a Dosbarthau Trefol Morgannwg o 1971 hyd 1974.

Mae'n Drysorydd Llys yr Eisteddfod Genedlaethol er 1975, ac ef oedd trysorydd lleol Eisteddfodau Cenedlaethol Aberafan 1966 a 1983 (yr Urdd). Y mae'n drysorydd, yn ddiacon ac yn ymddiriedolwr Eglwys Carmel, Treforys.

Y mae'n hoff o wylio chwaraeon, yn arbennig criced, rygbi a thenis, yn hoff o arddio, cerddoriaeth a darllen. Mae'n ŵr priod ac y mae ganddo ef a'i wraig, Marian Rosser (Craven gynt), un ferch, Sharon Elisabeth, ac mae'r teulu yn byw yn 'Godre'r Rhiw', 1 Lôn Heulog, Baglan, Port Talbot.

Mae Hywel Jones yn Gymro Cymraeg.

JONES, Idwal (1910-1985)

Gweinidog gydag Undeb yr Annibynwyr Cymraeg, darlledwr, ac awdur y gyfres radio *SOS Galw Gari Tryfan*, cyfres a deledwyd ac a gyhoeddwyd yn ddiweddarach.

Fe'i ganed ar 1 Awst 1910 yn Nhal-y-sarn, Dyffryn Nantlle. Wedi mynychu ysgolion Tal-y-Sarn a Phen-y-groes aeth yn

fyfyriwr i Goleg Bala-Bangor ym 1928. Ym 1933 fe'i
hordeiniwyd yn weinidog yn Llanrhaeadr-ym-Mochnant a
Maengwynedd. Bu yno hyd 1936 pryd y symudodd i
weinidogaethu Eglwys Annibynnol Rhyd-y-fro ger
Pontardawe. Ym 1944 derbyniodd alwad i Dywyn a Bryncrug
cyn symud yn ôl i'r de eilwaith ym 1948 yn weinidog ar eglwysi
Pencader ac Alltwalis. Ym 1953 symudodd i'w ofalaeth olaf a
bu'n weinidog ar eglwysi Tabernacl, Llanrwst a Nant-y-rhiw
hyd 1975 pryd yr ymddeolodd.

Yn ogystal â gweinidogaethu bu'n ymwneud â llawer o
weithgareddau eraill megis tyddynna, gwaith coed,
ffotograffiaeth a gweithgaredd arloesol yn ei gyfnod gydag offer
clyweled, a chasetiau yn arbennig. Disgrifiodd lawer o'r
gweithgareddau hynny yn *Crafu'r Geiniog* (1975). Bu'n ddar-
lledwr cyson a llwyddiannus—fel pregethwr, sgyrsiwr radio a
lluniwr sgriptiau. Y gyfres radio ar Gari Tryfan yn ddiamau
oedd ei gyfraniad pwysicaf ac fe'i hystyrir ar ei sail yn un o
gymwynaswyr mawr radio a llenyddiaeth plant. Sefydlodd ei
gwmni ei hun i'w cyhoeddi—Llyfrau Tryfan (gyda Gwasg
Gwynedd yn cyhoeddi *Gari Tryfan a Dirgelwch yr Ynys* ym
1981). Ymddangosodd naw o lyfrau eraill yn y gyfres—*Trysorau
Hafod Aur* (di-ddyddiad), *Diflaniadau Nant y Mynach* (1978),
Dirgelwch yr Wylan Ddu (1978), *Y Gragen Wen* (1979), *Gari
Tryfan v Dominus Gama* (1979), *Dirgelwch y Parlys Gwyn*
(1979), *Y Chwerthin Chwerw* (1980), *Tryfan ar Flaenau'i Draed*
(1981) a *Cyfrinach Mali Pegs* (1982). Cyhoeddodd gyfrolau
eraill yn ogystal: *Twm Bach* (1955) a *Gwen, Ail Bregeth Radio*
(1959)—y rhain o Wasg yr Arad, un arall o'i weisg.

Yr oedd yn ŵr priod—deuai ei wraig, Minnie, o'r Carneddi,
ger Bethesda—ac yr oedd ganddynt dri o blant, Siôn, Gwyneth
a Betsan.

Bu Idwal Jones farw ar 29 Mai 1985 yn Ysbyty Glan Clwyd,
Bodelwyddan.

JONES, Ieuan Samuel

Gweinidog yr Efengyl. Llywydd Undeb yr Annibynwyr
Cymraeg 1985.

Brodor o Ddyfed. Fe'i ganed ym mhlwyf Bron-gwyn,
Castellnewydd Emlyn, ar 16 Medi 1918. Cafodd ei addysg yn
Ysgol Elfennol Tre-wen (1923-31), Ysgol Ramadeg Aberteifi

(1931-36) ac Ysgol Castellnewydd Emlyn (1936-37). Yna aeth i Goleg y Brifysgol, Caerdydd, rhwng 1937 a 1940 a Choleg Coffa Aberhonddu (1940-43) i gwblhau ei astudiaethau diwinyddol. Enillodd raddau MA a BD Prifysgol Cymru.

Fe'i hordeiniwyd yn ei ofalaeth gyntaf, Seilo, Nantyffyllon, ger Maesteg, ym 1943. Symudodd i Fethesda, Arfon, ym 1947 ac yna ym 1953 symudodd i fod yn weinidog Bethmaca, Glasinfryn, ger Bangor. Ym 1955 fe'i sefydlwyd yn weinidog Salem, Bae Colwyn, a Deganwy Avenue, Llandudno, ac yna, ym 1957, aeth yn weinidog Salem, Caernarfon. Ym 1968 fe'i penodwyd yn Ysgrifennydd Cenhadol Undeb yr Annibynwyr Cymraeg a bu yn y swydd honno hyd 1984. Bu'n hyrwyddwr amlwg i'r gwaith cenhadol Cristnogol yng Nghymru a thramor—bu'n Ysgrifennydd Cymru i Grist. Cyhoeddodd astudiaethau ynglŷn â diwinyddiaeth cenhadu ym 1982, *Y Gair ar Gerdded*, golygydd amryw o gyhoeddiadau cenhadol ac ymwelodd ag eglwysi yn Asia ac Affrica.

Ymhlith ei ddiddordebau hamdden y mae peintio (ag olew), ffotograffiaeth ac ysgrifennu.

Y mae'n ŵr priod—priododd Mair Arfona Lloyd ar 12 Medi 1944. Y mae'n dad i un mab—Gwynedd Lloyd. Y mae'n byw yn 76 Harlech Crescent, Sgeti, Abertawe (0792-202176).

JONES, Jean Huw
Meistres gwisgoedd Gorsedd y Beirdd ac ysgrifennydd

cyffredinol Cymdeithas Ddawns Werin Cymru o 1977 hyd fis Medi 1985. Bu hefyd yn ysgrifennydd gwerthiant y Gymdeithas o 1970 hyd 1977.

Fe'i ganed yn Rhydaman ar 17 Gorffennaf 1938—mae ei henw yng Ngorsedd y Beirdd yn adlewyrchu ei hymlyniad wrth ei bro enedigol—Siân Aman. Cafodd ei haddysg yn Ysgol Gynradd Parc-yr-hun ac Ysgol Ramadeg Dyffryn Aman (1949-56). Treuliodd flwyddyn (1956-57) yng Ngholeg Ymarfer Corff Chelsea cyn cwblhau ei haddysg uwch yng Ngholeg Hyfforddi Lincoln rhwng 1957 a 1959. Cwblhaodd gwrs Tystysgrif Dysgu ym 1959.

Cafodd ei swydd gyntaf fel athrawes gerdd ac ymarfer corff yn Ysgol Uwchradd Kingsdown, Bryste, ym 1959, ond dychwelodd i Gymru ym 1960 pan y'i penodwyd i swydd athrawes ymarfer corff yn Ysgol Uwchradd Treharris ger Merthyr Tudful. Bu yno hyd 1964.

Ymhlith ei diddordebau y mae Cymdeithas Alawon Gwerin Cymru a'r Gymdeithas Gerdd Dant. Deil i fod yn ysgrifennydd aelodaeth Cymdeithas Ddawns Werin Cymru.

Y mae'n aelod o fwrdd llywodraethwyr Ysgol Gymraeg Rhydaman. Y mae'n is-organydd ac arweinydd y plant a'r bobl ifanc yn ei chapel; y mae'n drysorydd Urdd Gobaith Cymru yn lleol ac yn weithgar gyda'r elusen Ymchwil rhag Cancr. Ymhlith ei diddordebau eraill y mae chwaraeon, darllen a theithio.

Y mae'n wraig briod ac yn fam i ddau o fechgyn—Dafydd Huw ac Owain Huw. Mae'r teulu yn byw yn 'Dolawenydd', Betws, Rhydaman, Dyfed (0269-2837).

JONES, John Eilian (John Tudor Jones) (1904-1985)
Bardd, newyddiadurwr ac un o bersonoliaethau mawr y wasg Gymraeg yn y ganrif hon.

Fe'i ganed yn Llaneilian, Môn, ym 1904. Derbyniodd ei addysg yn Llangefni, Coleg Prifysgol Cymru, Aberystwyth, (er na bu iddo raddio) a threuliodd dymor yng Ngholeg yr Iesu, Rhydychen, gan iddo feddwl cymryd urddau eglwysig ond rhoes y gorau iddi. Troes at newyddiadura a chafodd yrfa ddigon nodedig ac amrywiol yn yr alwedigaeth honno. Cafodd ei swydd gyntaf gyda'r *Western Mail* a bu ar staff olygyddol y papur hwnnw o 1924 hyd 1927. Yna aeth i'r Dwyrain Canol lle bu'n olygydd y *Times of Mesopotamia* am gyfnod. Dychwelodd i Loegr a bu'n newyddiadurwr ar y *Daily Mail* am tua pedair blynedd gan weithio yn Stryd y Fflyd, Llundain, ac ym Manceinion.

Tra oedd yn Llundain y cynhyrchodd y rhifyn cyntaf o'r cylchgrawn *Y Ford Gron* gyda'i wraig gyntaf. Yr oedd yn

gylchgrawn arloesol a dylanwadol. Ymddangosodd y rhifyn cyntaf yn Rhagfyr 1930 ac fe'i hargraffwyd gan gwmni Hughes a'i Fab, Wrecsam. Aeth John Eilian i fyw i'r dref honno yn fuan ym 1931 i weithio'n llawn-amser ar y cylchgrawn a'r gyfres eithriadol lwyddiannus o lyfrau rhad ond safonol a ymddangosodd yng 'Nghyfres y Ford Gron'. Yna, yn Rhagfyr 1932, fe gychwynnwyd ar y gwaith o gyhoeddi'r *Cymro* ar ei newydd wedd, gyda John Eilian yn un o'r golygyddion ac am ei waith yn sefydlu'r papur hwn gyda Rowland Thomas a'i waith nodedig ar y *Ford Gron* y telir y deyrnged fwyaf i John Eilian.

Tua diwedd 1934 bu anghydfod rhwng John Eilian a Rowland Thomas ac aeth John Eilian i weithio am ysbaid ar y *Times of Ceylon*. Fe ailymddangosodd yn Llundain ar ddechrau'r Ail Ryfel Byd pryd y bu am gyfnod o naw mlynedd ar staff y BBC fel Cyfarwyddwr Rhaglenni Cymru a hefyd fel Cyfarwyddwr Gwasanaeth Ewropeaidd y Gorfforaeth.

Dychwelodd wedi'r rhyfel i weithio i gwmni Woodalls— perchenogion *Y Cymro*—yng Nghroesoswallt lle bu'n olygydd *The Border Counties Advertizer*. Yna, ym 1953, fe'i penodwyd yn olygydd-gyfarwyddwr papurau'r *Herald* yng Nghaernarfon, ac yno y bu hyd nes y prynwyd y grŵp ym 1984 gan gwmni arall.

Ystyrir ei fod yn fardd medrus—cyhoeddodd ei waith am y tro cyntaf ym 1923 ar y cyd ag E. Prosser Rhys yn *Gwaed Ifanc* a bu'n fuddugol yn Eisteddfod Genedlaethol Bae Colwyn am awdl ar y testun 'Maelgwn Gwynedd' ym 1947 a ddwy flynedd yn ddiweddarach yn Nolgellau am ei bryddest 'Meirionnydd'.

Bu'n ymhél â gwleidyddiaeth yn ogystal. Yr oedd yn Geidwadwr pybyr—bu'n ysgrifennu colofn yn *Y Faner* i wrthweithio yn erbyn safbwyntiau Saunders Lewis yn *Cwrs y Byd* ac ymladdodd fel ymgeisydd dros ei blaid yn etholaeth Môn ar dri achlysur.

Yr oedd yn uchel eglwyswr selog; yr oedd hefyd yn ymhél ag ysbrydegaeth.

Cyhoeddwyd cyfres o'i gyfieithiadau o glasuron Saesneg i blant gan gwmni Harrop.

Bu farw ar 9 Mawrth 1985 yn Ysbyty Gwynedd. Gedy weddw, Eluned, a thri o blant—Nia, Goronwy a Hywel. Ym 1972 derbyniodd yr OBE am wasanaeth cyhoeddus yng Nghymru, a rhwng 1974 a 1977 bu'n aelod o'r Comisiwn Brenhinol ar y Wasg.

JONES, Richard Elfyn

Darlithydd mewn Cerddoriaeth yng Ngholeg y Brifysgol, Caerdydd, ac arweinydd Côr Poliffonig Caerdydd er 1977.

Fe'i ganed ym Mlaenau Ffestiniog ar 11 Ebrill 1944. Cafodd ei addysg gynnar yn Hen Golwyn a Bae Colwyn, ac yn ysgolion St. Paul a Chae Top, Bangor. Bu'n ddisgybl yn Ysgol Friars, Bangor, rhwng 1955 a 1960 ac yn Ysgol Ramadeg Bro Colwyn o 1960 hyd 1963. Ym 1963 aeth yn efrydydd cerddoriaeth i Goleg Prifysgol Bangor a graddiodd yn y Dosbarth Cyntaf ym 1967. Yna aeth i Goleg y Brenin, Caer-grawnt (1967-68) a Choleg Prifysgol Cymru, Aberystwyth (1968-69). Bellach mae ganddo raddau BA, MMus (a ddyfarnwyd iddo ym 1968), PhD (a enillodd ym 1977) a Laureato yng Nghystadleuaeth Arwain Cantelli, Milan, ym 1980. Y mae'n gyfansoddwr dros hanner cant o weithiau ym mhob cyfrwng, gan gynnwys sonatau diweddar i glarinet a phiano, a'r *Vivat Academia* i ddathlu canmlwyddiant Coleg y Brifysgol, Caerdydd. Y mae wedi ysgrifennu nifer o astudiaethau yn ogystal gan gynnwys y gyfrol *David Wynne* yng nghyfres 'Composers of Wales' ym 1979. Ar hyn o bryd y mae'n gwneud gwaith ymchwil ar fetaffiseg cerddoriaeth.

Y mae'n ŵr priod er 1977, ac y mae ganddo ef a'i wraig, Gillian (Owens gynt), ddau o blant, Huw ac Angharad. Mae'r teulu yn byw yn 10 Westbourne Crescent, yr Eglwys Newydd, Caerdydd (0222-610992).

JONES, Robert Gerallt

Bardd, nofelydd, beirniad llenyddol. Tiwtor yn yr Adran Efrydiau Allanol, Coleg Prifysgol Cymru, Aberystwyth, er 1979.

Fe'i ganed ar 11 Medi 1934 yn Nefyn yn Llŷn lle'r oedd ei dad yn ficer y plwyf. Cafodd addysg breifat yn Lloegr cyn dychwelyd i Gymru yn fyfyriwr i Goleg Prifysgol Gogledd Cymru, Bangor, lle bu'n astudio llenyddiaeth Saesneg. Bu'n Llywydd Undeb y Myfyrwyr ym 1956-57. Fe'i penodwyd yn athro Saesneg yn Ysgol Syr Thomas Jones, Amlwch, ym 1957. Symudodd i Aberystwyth ym 1961 pryd y'i penodwyd yn ddarlithydd yn Adran Addysg Coleg Prifysgol Cymru. Ym 1965 fe'i penodwyd yn Brifathro Coleg Hyfforddi Athrawon Mandeville yn Jamaica. Dychwelodd i Gymru ym 1967 i swydd Warden Coleg Llanymddyfri a bu yno hyd 1979 ar wahân i flwyddyn a dreuliodd fel Cymrawd Prifysgol Cymru mewn Ysgrifennu Creadigol yng Ngregynog ym 1976-77.

Yn Aberystwyth sefydlodd nifer o gyrsiau arloesol mewn ysgrifennu creadigol i'r cyfryngau. Yr oedd yn un o sefydlwyr a chyfarwyddwyr cwmni Sgrin '82 a sefydlwyd fel cwmni cynhyrchu annibynnol adeg dyfodiad S4C, er mai byr fu hoedl y cwmni.

Bu'n aelod o nifer fawr o gyrff a sefydliadau. Fel eglwyswr pybyr bu'n aelod o gorff llywodraethol yr Eglwys yng Nghymru er 1959. Bu'n aelod o'r Academi Gymreig o'r cychwyn ac yn Is-gadeirydd a Chadeirydd arni ym 1981 a 1982, yn aelod o'r

Cyngor Darlledu yng Nghymru, Cyngor Celfyddydau Cymru a Llys Coleg Prifysgol Cymru, Aberystwyth.

Fe'i hystyrir yn llenor toreithiog ac amlochrog. Cyhoeddodd bedwar casgliad o farddoniaeth Gymraeg—*Ymysg y Drain* (1959), *Cwlwm* (1962), *Cysgodion* (1972) a *Dyfal Gerddwyr y Maes* (1981), ac un gyfrol yn Saesneg, *Jamaican Landscape* (1969). Ef hefyd oedd golygydd *Poetry of Wales 1930-1970* a gyhoeddwyd ym 1974. Daeth pum nofel o'i law, *Y Foel Fawr* (1960), *Nadolig Gwyn* (1962), ac enillodd Fedal Ryddiaith Eisteddfod Genedlaethol Cymru ym 1977 a 1979 am nofelau byrion *Triptych* (1977) a *Cafflogion* (1979), a'r bumed yw *Gwyntyll y Corwynt* (1978). Seiliwyd y gyfres deledu hynod boblogaidd *Joni Jones* ar ei gasgliad o straeon byrion *Gwared y Gwirion* (1966).

Ymhlith ei ysgrifau beirniadol y mae'r cyfrolau canlynol: *Yn Frawd i'r Eos Druan* (1961), *Ansawdd y Seiliau* (1972), *T. H. Parry-Williams* (yn Saesneg) (1978), *Eliot* ('Y Meddwl Modern') (1982). Ymddangosodd nifer o gyfrolau eraill hefyd sy'n adlewyrchu ei ddiddordebau eang—*Teithiau Gerallt* (1978), *Pererindota* (1981).

Deil i ymddiddori mewn darlledu a gwaith teledu, a chriced, ac yn ystod 1985 ymgymerodd â thaith bererindod trwy Gymru gyda'r diben o ddysgu pobl Cymru am broblemau angen a newyn yn y Trydydd Byd, ac mae'n arfaethu datblygu cyrsiau pwrpasol yn Aberystwyth yn y maes hwnnw.

Y mae R. Gerallt Jones yn ŵr priod, ac mae iddo ef a'i wraig, Susan, ddau fab ac un ferch. Mae'r teulu yn byw yn 'Lerry Dale', Dol-y-bont, ger Llandre, Aberystwyth (09781-525).

JONES, Rhys

Cerddor, athro, darlledwr, Fe'i ganed yn Nhrelawnyd, Clwyd, ar 18 Mai 1927. Cafodd ei addysg yn Ysgol Gynradd Trelawnyd (1933-38), Ysgol Ramadeg y Rhyl (1938-44) a Choleg y Normal, Bangor (1944-46). Ymhlith ei gymwysterau y mae Tystysgrif Athro a'r LRAM.

Bu'n athro ysgol o 1946 hyd 1984 ar wahân i gyfnod o wasanaeth milwrol rhwng 1946 a 1948 yn y Gwasanaeth Addysg (yr RAEC). Cafodd ei swydd gyntaf yn Ysgol Uwchradd Glannau Dyfrdwy, yna bu'n athro yn Ysgol Gynradd Ffynongroyw, Ysgol Daniel Owen, yr Wyddgrug, ac ym 1953

fe'i penodwyd yn Brifathro Ysgol Mornant, Ffynnongroyw.
Ym 1958 fe'i penodwyd yn Bennaeth Adran Gerdd Ysgol Maes
Garmon, yr Wyddgrug, a bu mewn swydd gyffelyb yn Ysgol
Uwchradd Treffynnon wedi hynny. Yna fe'i penodwyd yn
Ddirprwy Brifathro Ysgol Maes Garmon a bu yno hyd nes yr
ymddeolodd ym 1984.

Bellach mae ei lais yn gyfarwydd fel cyflwynydd rhaglenni
cerddorol megis *Segura* o'r BBC ym Mangor (0248-362214),
gwaith yr ymgymerodd ag ef ym mis Medi 1985.

Ef oedd un o gorws-feistri Côr Eisteddfod Genedlaethol
Cymru y Rhyl 1985 a bu'n gyfarwyddwr Cantorion Gwalia er
1959. Cyfansoddodd gerddoriaeth sioeau cerddorol megis
*Ciliwch rhag Olwen, Dafydd a Goleiath, Ffantasmagoria, Croeso
Dominique, Moses* ac eraill. Y mae'n awdur dwy gyfrol o
ganeuon i blant.

Y mae'n ŵr priod ac yn dad i ddau o blant, y gantores a'r
actores amryddawn, Caryl, a Dafydd Rhys. Y mae'n byw yn
'Llawenydd', 4 Maes Bedwen, Rhuddlan, Clwyd (0745-
590970).

JONES, Thomas (1910-1985)
Un o ffigyrau amlycaf llywodraeth leol yng Nghymru,
eisteddfodwr pybyr, sefydlydd Côr Godre'r Aran, a gŵr busnes

llwyddiannus. Fe'i ganed yn y Bala ar 4 Medi 1910 a bu farw yn dilyn damwain yng nghanolbarth Cymru ar 30 Medi 1985.

Er mai â Llanuwchllyn y cysylltir ei enw fel arfer, treuliodd y rhan fwyaf o'i lencyndod yn yr Amwythig lle'r oedd ei dad, John Hywel Jones, yn arolygydd ar y rheilffordd. Derbyniodd beth o'i addysg yn Ysgol St. Michael, yr Amwythig, ond bu hefyd yn ddisgybl yn Ysgol Ramadeg y Bechgyn, y Bala, ac yn efrydydd allanol ym Mhrifysgol Llundain. Dechreuodd ei yrfa waith ar ffermydd rhwng 1934 a 1946. Bu'n Ysgrifennydd Sirol Undeb Cenedlaethol yr Amaethwyr ym Meirion rhwng 1953 a 1963. Fe'i gwnaed yn bennaeth Cwmni Farmers Marts (R. G. Jones) Cyf. ym 1963. Bu'n gyfrifol am sefydlu nifer o gwmnïoedd megis cwmni cydweithredol Hufenfa Meirion a chwmni syrfewyr siartredig Tom Parry Porthmadog. Bu'n Llywydd y WAOS o 1978 hyd ei farwolaeth.

Ym 1953 daeth yn aelod o Gyngor Sir Meirionnydd a bu'n aelod o'r Cyngor hwnnw hyd 1974. Bu'n Gadeirydd y Cyngor rhwng 1965 a 1966. Ym 1974 fe'i hetholwyd i gynrychioli ei fro ar Gyngor Sir Gwynedd a bu'n Gadeirydd arno rhwng 1976 a 1979. Fe'i hetholwyd yn Gadeirydd Pwyllgor Cynghorau Sir Cymru rhwng 1976 a 1978. Bu'n Gadeirydd Pwyllgor Cyllid Cyngor Gwynedd o 1974 hyd 1984 ac fe'i hystyrid yn ŵr busnes tra galluog a chraff.

Bu'n eisteddfodwr brwd gydol ei oes a rhoes flynyddoedd o wasanaeth i'r Eisteddfod Genedlaethol fel aelod o'r Llys a'r Cyngor. Bu'n Gadeirydd y Cyngor rhwng 1976 a 1979 a bu'n gadeirydd y pwyllgor safle, yn aelod o'r pwyllgor cyllid, ac yn gadeirydd y panel cerdd dant. Bu hefyd yn fawr ei gyfraniad fel Ysgrifennydd Eisteddfod Genedlaethol Dolgellau 1949 ac fel Cadeirydd Eisteddfod Genedlaethol y Bala 1967.

Ymddiddorai yn fawr yng nghelfyddyd cerdd dant fel beirniad ac arweinydd Côr Godre'r Aran—côr y bu'n arweinydd arno o 1950 hyd 1975. Bu'n ddiacon yn yr Hen Gapel gyda'r Annibynwyr wedi 1935 a bu'n aelod o nifer fawr o gyrff diwylliannol megis Urdd Gobaith Cymru, Undeb Cymru Fydd a Chymdeithas Cymry'r Ariannin. Yr oedd hefyd yn aelod o Blaid Cymru er mai fel ymgeisydd annibynnol yr ymladdai etholiadau lleol bob amser.

Bu'n Gadeirydd ar Awdurdod Heddlu Gogledd Cymru ac yn Ynad Heddwch—ef oedd Cadeirydd Mainc Ynadon y Bala rhwng 1972 a 1980.

Daeth nifer fawr o anrhydeddau i'w ran, megis yr OBE ym 1978 a'r CBE ym 1983 am ei wasanaeth mewn llywodraeth leol, MA er anrhydedd Prifysgol Cymru ym 1978 a'i ddyrchafu i Urdd Derwydd er anrhydedd ym 1951.

Gedy dri mab a dwy ferch. Cynhaliwyd ei angladd yn yr Hen Gapel, Llanuwchllyn, ar 4 Hydref.

JONES, Wynne Melville

Cyfarwyddwr cwmni cysylltiadau cyhoeddus Strata, cwmni sydd wedi arloesi ym maes cyhoeddusrwydd a chysylltiadau cyhoeddus trwy gyfrwng y Gymraeg ac sydd wedi datblygu gwasanaethau unigryw ar gyfer anghenion sefydliadau Cymru.

Fe'i ganed yn Aberystwyth ar 7 Awst 1947. Cafodd ei fagu yn Nhregaron lle'r oedd ei dad yn weinidog. Bu'n ddisgybl yn ysgolion cynradd ac uwchradd Tregaron. Ym 1965 aeth yn fyfyriwr i Goleg Celf Abertawe ac ym 1966 aeth i astudio yng Ngholeg y Drindod, Caerfyrddin. Ym 1969 derbyniodd gymhwyster athro trwyddedig. Tra oedd yng Nghaerfyrddin bu'n Is-lywydd Undeb y Myfyrwyr ac yn Gadeirydd y Gymdeithas Gymraeg ac ef oedd sylfaenydd *Chwyn*, pythefnosolyn Cymraeg y myfyrwyr.

Ym 1969 fe'i penodwyd yn Drefnydd yr Urdd yn Sir

Gaerfyrddin, swydd y bu ynddi hyd nes y penodwyd ef ym
1971 yn Swyddog Cyhoeddusrwydd Urdd Gobaith Cymru. Fe'i
penodwyd yn Bennaeth yr Adran Gyhoeddusrwydd yn
ddiweddarach. Ym 1979 sefydlodd y cwmni y mae'n
gyfarwyddwr arno yn Aberystwyth.

Y mae ei ddiddordebau yn eang. Ef yw un o sylfaenwyr
Cymdeithas Cysylltiadau Cyhoeddus Cymru ac ef yw'r Is-
gadeirydd presennol. Deil ei gysylltiad â'r Urdd—ef yw
Is-gadeirydd Cyngor Cenedlaethol y mudiad. Y mae'n aelod o
bwyllgor golygyddol papur bro ardal ei gartref yn Llandre, ger
Aberystwyth, ac y mae ganddo ddiddordeb byw yn y
celfyddydau gweledol. Mae'n nofiwr brwd ac yn gefnogwr selog
i'r 'pethe'.

Bu'n gyfrifol am nifer o ymgyrchoedd a drefnwyd dan enw
sefydliadau a mudiadau yng Nghymru. Un o'i greadigaethau
enwocaf yw'r cymeriad lliwgar 'Mistar Urdd'.

Y mae'n briod er 1971 â Linda, merch o Sir Gaerfyrddin, ac y
mae ganddynt ddwy ferch, Meleri Wyn a Manon Wyn.

Y mae pencadlys ei gwmni yn Nhŷ Strata, 25 Rhodfa'r
Gogledd, Aberystwyth (0970-611224).

KINNEY, Phyllis
Un o gymwynaswyr mawr byd cerdd yng Nghymru, yn
arbennig y traddodiad canu gwerin.

Fe'i ganed yn Pontiac, talaith Michigan yn Unol Daleithiau'r

America ar 6 Gorffennaf 1922. Yno y cafodd ei haddysg gynnar cyn mynd i Brifysgol Talaith Michigan gan sicrhau Diploma yn y Celfyddydau wedi tair blynedd o astudio rhwng 1940 a 1943. Treuliodd dair blynedd pellach yn Ysgol Gerdd Juilliard i'r Graddedigion rhwng 1943 a 1946 ac ar ddiwedd y cwrs derbyniodd Ddiploma i raddedigion mewn Opera. Rhwng 1947 a 1948 bu'n brif gantores soprano Cwmni Opera Carl Rosa a threuliodd ei blynyddoedd wedi hynny yn canu, yn ysgrifennu, yn darlledu ac yn dysgu canu. Cyfarfu â'i gŵr, Meredydd Evans, tra'n ymweld â Bangor yn ystod ei chyfnod gyda chwmni Carl Rosa, yn y cyfnod pan oedd Meredydd Evans yn canu gyda Thriawd y Coleg. Dechreuodd Phyllis Kinney ddysgu'r Gymraeg tua 1960 gan ddilyn nifer o ddosbarthiadau, ac erbyn hyn mae'n medru siarad yr iaith yn rhugl a'i darllen a'i hysgrifennu'n rhwydd.

Gyda'i gilydd fe ddatblygodd Meredydd Evans a Phyllis Kinney y diddordeb mawr mewn canu gwerin Cymraeg, ac am ei gwaith gwnaethpwyd Phyllis Kinney yn aelod er anrhydedd o Orsedd y Beirdd ym 1982 yn Abertawe. Ym 1983 derbyniodd ysgoloriaeth i lunio cyfrol ar ddatblygiad canu gwerin yng Nghymru. Cyfrannodd y ddau nifer fawr o erthyglau i wahanol gylchgronau, cyd-olygasant *Caneuon Gwerin i Blant* (1981) a *Canu'r Cymry* (1984) a Phyllis Kinney olygodd y ddwy gyfrol *Caneuon Chwarae* (1972 a 1974).

Mae gan Phyllis Kinney a Meredydd Evans un ferch, Eluned.

Bu'n amlwg yng ngweithgarwch Cymdeithas Cerddoriaeth Cymru a Chymdeithas Alawon Gwerin Cymru, ac y mae'n aelod o bwyllgorau gwaith y ddwy gymdeithas. Ei diddordebau eraill yw hanes, archaeoleg, llyfrau ditectif, gêmau geiriol a chroeseiriau. Ei chariad mawr yn y byd cerddorol, ar wahân i gerddoriaeth werin, yw opera.

Bellach mae Phyllis Kinney a Meredydd Evans wedi ymsefydlu ger Aberystwyth, yn 'Afallon', Cwmystwyth (097-422-214).

LEWIS, Saunders (1893-1985)
Un o Gymry mwyaf yr ugeinfed ganrif, gŵr a wnaeth gyfraniad mewn nifer o feysydd ac un o ffigyrau allweddol hanes Cymru yn y cyfnod modern.

Fe'i ganed yn Wallasey ger Lerpwl, lle'r oedd ei dad, y Parch. Lodwig Lewis, yn weinidog anghydffurfiol, ar 15 Hydref 1893. Cafodd ei addysg gynnar yn Liscard High School for Boys yn Wallasey, ysgol breifat, ac aeth ymlaen i astudio Saesneg a Ffrangeg ym Mhrifysgol Lerpwl gan raddio yn y Saesneg.

Adeg y Rhyfel Mawr ymunodd â'r South Wales Borderers ac yr oedd y cyfnod hwn yn bwysig yn ei hanes gan iddo dreulio cyfnodau o amser yng Nghymru a dechrau ymddiddori yn ei llenyddiaeth. Dychwelodd wedi'r rhyfel i Brifysgol Lerpwl gan gwblhau ei radd ac ymchwilio i ddylanwadau llenyddiaeth Saesneg ar farddoniaeth Cymru'r ddeunawfed ganrif. Ystyrir ffrwyth yr ymchwil hon, *A School of Welsh Augustans* (1924), yn waith nodedig.

Cafodd ei swydd gyntaf yng Nghymru fel Llyfrgellydd Sir Morgannwg; bu ynddi am flwyddyn cyn ymuno â staff ddysgu'r Adran Gymraeg ym Mhrifysgol Abertawe ym 1922. Bu yno hyd 1936 pryd y collodd ei swydd yn dilyn ei garcharu am ei ran yn y gwaith o losgi'r Ysgol Fomio ym Mhenyberth yn Llŷn. Bellach yr oedd yn heddychwr ac yn genedlaetholwr pybyr. Yr oedd yn un o'r rhai a sefydlodd Blaid Cymru ym 1925, a bu'n Llywydd y Blaid o 1926 hyd 1939, ac yn ymgeisydd seneddol drosti yn etholaeth Prifysgol Cymru ym 1943. Cyhoeddodd ei athroniaeth wleidyddol yn y gyfrol *Canlyn Arthur* (1938). Yr oedd hefyd wedi ymuno â'r Eglwys Babyddol ym 1932, a bu ei grefydd yn ddylanwad pwysig arno.

Wedi iddo gael ei ryddhau o garchar bu'n gwneud bywoliaeth o ysgrifennu—yn arbennig ei golofn wythnosol 'Cwrs y Byd' yn y *Faner*—ac yn dysgu, amaethu ac yn arolygu ysgolion yn achlysurol. Bu'n rhaid iddo aros hyd 1952 cyn cael dychwelyd i swydd ddysgu ym Mhrifysgol Cymru. Fe'i penodwyd y flwyddyn honno i swydd darlithydd yn Adran y Gymraeg yng Ngholeg y Brifysgol, Caerdydd. Fe'i dyrchafwyd i swydd Darlithydd Hŷn yn ddiweddarach. Ymddeolodd yn 1957 gan dreulio'i amser yn ysgrifennu. Ym 1962 traddododd ei ddarlith radio *Tynged yr Iaith* a esgorodd ar Gymdeithas yr Iaith Gymraeg.

Yr oedd yn fardd, nofelydd, yn ysgrifwr ac yn feirniad llenyddol gyda'r praffaf a welodd Cymru erioed, er nad oedd ei ddamcaniaethau a'i safbwyntiau yn gymeradwy gan bawb ymhlith ei gyfoeswyr.

Cymharol ychydig o'i gerddi a gyhoeddwyd, a hynny mewn

dwy gyfrol, *Byd a Betws* (1941) a *Siwan a Cherddi Eraill* (1956), er eu bod yn cael eu hystyried yn weithiau nodedig. Cyhoeddodd ddwy nofel, *Monica* (1930) a *Merch Gwern Hywel* (1964). Y mae ei ddramâu cyhoeddedig yn fwy niferus. Cyhoeddodd ryw bedair ar bymtheg—o 1921 (pan gyhoeddwyd *The Eve of St. John*) hyd at 1980, pan gyhoeddwyd *Excelsior*. Yn eu plith y mae *Buchedd Garmon* (1937), *Blodeuwedd* (1948), *Siwan* (1956), *Gymerwch Chi Sigaret?* (1956), *Brad* (1958), *Esther* (1960), *Cymru Fydd* (1967), *Problemau Prifysgol* (1969) a *Branwen* (1975).

Ymhlith ei astudiaethau o lenyddiaeth Gymraeg, y mae ei gyfrolau *Williams Pantycelyn* (1927), *Ceiriog* (1929) a *Gramadegau'r Penceirddiaid* (1967) yn parhau yn weithiau safonol. Casglwyd llawer o'r erthyglau a gyhoeddodd yn unigol i dri chasgliad—*Ysgrifau Dydd Mercher* (1945), *Meistri'r Canrifoedd* (1973) a *Meistri a'u Crefft* (1981). Cyhoeddodd rai gweithiau am lên Cymru yn Saesneg, ac yr oedd yn nodedig am ei ddadansoddiadau o lên Cymru mewn cyd-destun Ewropeaidd. Daeth nifer o anrhydeddau i'w ran— Doethuriaeth er Anrhydedd gan Brifysgol Cymru ym 1982 ac fe'i henwebwyd am Wobr Lenyddiaeth Nobel ar sawl achlysur, er yn aflwyddiannus. Cyhoeddwyd wedi ei farw i'r Pab Pawl ei anrhydeddu a'i wneud yn Farchog Urdd San Gregor ym 1975.

Yr oedd yn ŵr priod: bu ei wraig Margaret farw o'i flaen ym 1984, a gedy un ferch, Mair Haydn Jones.

Bu farw mewn ysbyty wedi cyfnod hir o lesgedd ar 1 Medi 1985. Cynhaliwyd offeren angladdol iddo yn Eglwys Gadeiriol Dewi Sant ar 5 Medi, a'i gladdu ym mynwent Penarth.

LIVSEY, Richard Arthur Lloyd

Aelod Seneddol (Rhyddfrydol) etholaeth Brycheiniog a Maesyfed er Gorffennaf 1985.

Brodor o Droed-y-rhiw ger Merthyr. Fe'i ganed ar 2 Mai 1935, ond pan fu farw ei dad ac yntau'n fachgen ifanc, symudodd y teulu i Went a chafodd ei addysg yn ysgolion Talgarth a Bedales. Athrawes oedd ei fam, a bu'n brifathrawes Ysgol Gwernyfed yn Aberllynfi ar un adeg. Fe'i maged ar fferm ac wedi dyddiau ysgol aeth yn fyfyriwr i Goleg Amaethyddol Seale-Hayne ac yna aeth i Brifysgol Reading. Dyfarnwyd gradd MSc iddo.

Ym 1961 fe'i penodwyd yn swyddog datblygu yn Adran Amaeth ICI a bu wrth y gwaith hwnnw hyd nes y penodwyd ef yn rheolwr fferm ar stad Blairdrummond yn yr Alban ym 1967. Ym 1971 fe'i penodwyd yn uwch ddarlithydd mewn Gweinyddiaeth Amaethyddol yng Ngholeg Amaethyddol Cymru, Llanbadarn Fawr, Aberystwyth, a bu yno hyd nes yr etholwyd ef yn aelod seneddol. Tra oedd yn dysgu yn y coleg bu hefyd yn amaethu yn Cross Inn ger Llannon yng Ngheredigion.

Ymunodd â'r Blaid Ryddfrydol ym 1960 wedi iddo ddod dan ddylanwad Clement Davies, Aelod Seneddol Trefaldwyn ar y pryd. Cynrychiolodd ei blaid mewn tri etholiad—yn etholaeth Perth a Dwyrain Perth ym 1970 ac etholaeth Penfro ym 1979 a hefyd Brycheiniog a Maesyfed ym 1983 cyn ei chipio oddi ar y Torïaid ym 1985 gyda mwyafrif o 559. Ef bellach yw llefarydd ei blaid ar amaethyddiaeth.

Y mae'n ŵr priod, ac y mae ganddo ef a'i wraig, Irene, dri o blant—David, Jenny a Douglas. Diddordebau hamdden Richard Livsey yw criced a physgota. Bwriada symud i'w etholaeth i fyw. Mae'n cynnal swyddfa yn Aberhonddu.

OWEN, David Huw

Ceidwad yr Adran Ddarluniau a Mapiau, Llyfrgell Genedlaethol Cymru, er mis Hydref 1985.

Brodor o Gaerfyrddin. Fe'i ganed ar 20 Chwefror 1941. Fe'i codwyd yng Nghross Hands a bu yn ysgol gynradd y pentref hwnnw (1944-52) ac Ysgol Ramadeg y Gwendraeth (1952-59) cyn mynd i Goleg Prifysgol Cymru, Aberystwyth i astudio Hanes a Hanes Cymru. Graddiodd ym 1962 a derbyniodd ddoethuriaeth ym 1967. Dyfarnwyd Diploma mewn Astudiaethau Archifol iddo hefyd ym 1967.

Ym 1965 fe'i penodwyd yn archifydd Coleg Aberystwyth ac ym 1967 fe'i penodwyd yn gynorthwywr gweinyddol yng nghofrestrfa'r un coleg. Ym 1969 ymunodd â staff ddysgu Coleg Llyfrgellwyr Cymru fel arbenigwr archifau. Symudodd i Gaerdydd ym 1973 i swydd darlithydd mewn Hanes Cymru yng Ngholeg y Brifysgol. Bu yno hyd 1985.

Mae'n ŵr priod ac yn dad i ddau fab, Hywel Befan a Tomos Befan. Ymhlith ei ddiddordebau y mae darllen a chwaraeon. Y mae hefyd yn ymwneud â llawer o weithgareddau Eglwys

Bresbyteraidd Cymru—mae'n drysorydd mygedol Bwrdd y Genhadaeth, ac yn flaenor.

Hanes Cymru, hanes Siapan a hanes lleol yw ei brif ddiddordebau. Mae'n aelod o Gyngor y Gymdeithas Brydeinig i Hanes Lleol, o Gyngor Cymdeithas Hanes Morgannwg a grŵp Hanes Lleol Llanelli. Bu ar daith yn Siapan ym 1985 fel darlithydd gwadd yn Seithfed Cynhadledd y Celtiaid yn Siapan a gynhaliwyd yn Nagoya.

Cyfrannodd erthyglau i gylchgronau megis *Cylchgrawn Hanes Cymru, Bwletin y Bwrdd Gwybodau Celtaidd, Trafodion y Cymmrodorion, Trafodion Cymdeithas Hynafiaethol Sir Gaerfyrddin* a *Chylchgrawn Cymdeithas Hanes y Methodistiaid Calfinaidd*. Cyfrannodd i *Boroughs of Medieval Wales* (1978), *Capel Als 1780-1980* (1980) ac i'r *Cydymaith i Lenyddiaeth Cymru* (1986). Bydd tair pennod o'i waith yn *The Agrarian History of England and Wales* Cyf. III, 1349-1350, ac ef yw golygydd *Settlement and Society in Wales*.

OWEN, Ifor

Enillydd cyntaf Tlws Mary Vaughan Jones ym 1985, tlws a ddyfernir i'r sawl a wnaeth gyfraniad arbennig i faes llenyddiaeth a llyfrau plant dros gyfnod o flynyddoedd ac a ddyfernir bob tair blynedd.

Brodor o Gefnddwysarn. Fe'i ganed ar 3 Gorffennaf 1915. Cafodd ei addysg yn Ysgol y Sarnau, Ysgol Ramadeg y Bechgyn, y Bala, a'r Coleg Normal lle y dilynodd gwrs athro gan arbenigo mewn celfyddyd.

Bu'n Brifathro Ysgol Gynradd Croesor o 1936 hyd 1948,

Ysgol Gwyddelwern o 1948 hyd 1954, ac Ysgol O. M. Edwards, Llanuwchllyn, o 1954 hyd 1976. Bellach y mae wedi ymddeol.

Ymddangosodd ei waith arlunio mewn llyfrau Cymraeg dros gyfnod maith, am y tro cyntaf yn y gyfrol *Yr Hen Wraig Bach a'i Mochyn* (1946). Wedi hynny cyfrannodd i gyfres *Chwedl a Chân* (D. J. Williams), *Merched y Môr* (T. Llew Jones), *Cwningen Fach* (John Ellis Williams), *Yn Nannedd Peryglon* (Meuryn), *Straeon Patagonia* (R. Bryn Williams), *Yr Hogyn Pren* (E. T. Griffiths), *Hunangofiant Tomi* (Tegla) a llawer mwy. Bu hefyd yn cyfrannu gwaith darluniadol i nifer o lyfrynnau a chylchgronau, ac fe gynlluniodd nifer o gloriau a siacedi llwch i lyfrau a recordiau Cymraeg.

Dan ddylanwad D. J. Williams, Llanbedr, aeth Ifor Owen ati i gynllunio a chynhyrchu comic Cymraeg i blant. Cyhoeddwyd rhifynnau cyntaf y comic *Hwyl* gan Wasg y Brython, ond Ifor Owen fu'n ei gyhoeddi ers blynyddoedd bellach. Ymddangosodd y rhifyn cyntaf ym mis Gorffennaf 1949 a deil i ymddangos oddeutu pedair gwaith y flwyddyn.

Nid Tlws Mary Vaughan Jones yw'r unig anrhydedd a dderbyniodd. Fe'i hurddwyd i Urdd Ofydd er Anrhydedd gan Orsedd y Beirdd ym 1961 ac ym 1977 derbyniodd Fedal Syr Thomas Parry-Williams am ei gyfraniad i ddiwylliant ei ardal dros gyfnod maith.

Bu'n aelod o Gyngor a Llys yr Eisteddfod Genedlaethol, o Fwrdd Rheolwyr yr Amgueddfa Genedlaethol, o Gymdeithas y Cymmrodorion, Cymdeithas yr Iaith Gymraeg, Plaid Cymru a nifer o gymdeithasau lleol. Mae'n flaenor gyda'r Eglwys Bresbyteraidd yn Llanuwchllyn.

Ei ddiddordebau yw arlunio, ysgythru, cynllunio, barddoni, hanes lleol, ffotograffiaeth a chynhyrchu dramâu.

Y mae'n dad i dri o blant, Gareth, Meilir a Dyfir. Mae'n byw yn 'Gwyndy', Llanuwchllyn (06784-200).

OWEN, John Wyn
Cyfarwyddwr y Gwasanaeth Iechyd Gwladol yng Nghymru er 1 Chwefror 1985 a Chadeirydd Awdurdod Gwasanaethau Cyffredin Iechyd Cymru.

Brodor o Fangor. Fe'i ganed ar 15 Mai 1942. Derbyniodd ei addysg yn Ysgol y Santes Fair ac Ysgol Friars, Bangor, ac aeth i Goleg Sant Ioan Caer-grawnt ym 1961. Mae ganddo raddau BA ac MA. Bu hefyd yn fyfyriwr yng Ngholeg Staff Gweinyddu Ysbytai yn Llundain o 1964 hyd 1966 ac ym 1968 derbyniodd Ddiploma mewn Gweinyddiaeth Ysbytai gan Sefydliad Gweinyddwyr y Gwasanaeth Iechyd.

Ym 1966 fe'i penodwyd yn Ddirprwy Ysgrifennydd Ysbyty Cyffredinol Gorllewin Cymru, Caerfyrddin. Ym 1967 symudodd i Abertawe i swydd Ysgrifennydd Pwyllgor Rheoli Ysbyty Glantawe, ac ym 1968 fe'i penodwyd yn Swyddog Hyfforddi Uwch, Bwrdd Ysbytai Cymru. Ym 1970 fe'i penodwyd yn Weinyddwr Adrannol Pwyllgor Rheoli Ysbyty Prifysgol Cymru, Caerdydd. Ym 1972 symudodd i Lundain i fod yn Glerc Cynorthwyol Ysbyty St. Thomas ac yn Gymrawd Cronfa'r Brenin. Ym 1974 ymgymerodd â dyletswyddau Gweinyddwr Dosbarth Iechyd St. Thomas (Dysgu) a bu wrth y gwaith tan 1979 pryd y penodwyd ef yn Gyfarwyddwr Gweithredol Mentrau Meddygol Unedig.

Bu'n Ymddiriedolwr *Refresh* o 1976 hyd 1978, ac yn Ymddiriedolwr Amgueddfa Florence Nightingale er 1983. Bu hefyd yn Ysgrifennydd y Pwyllgor Sefydlog ar Ddysgu, Cymdeithas Genedlaethol yr Awdurdodau Iechyd o 1976 hyd 1979.

Mae'n aelod o Sefydliad Gweinyddwyr y Gwasanaeth Iechyd a'r Sefydliad Brenhinol i Weinyddiaeth Gyhoeddus. Mae'n Gymrawd o'r Gymdeithas Ddaearyddol Frenhinol, yn aelod o Gymdeithas Johnian, Caer-grawnt a'r Atheneum. Y mae hefyd yn organydd. Mae'n Gymro rhugl. Cyhoeddodd weithiau ar gynllunio ysbytai, ar ymchwil yn y gwasanaeth iechyd, ar addysg a hyfforddiant gweinyddwyr a systemau hysbysrwydd a thechnoleg.

Mae gan John Wyn Owen a'i wraig, Elizabeth Ann (MacFarlane gynt), ddau o blant—Siân Wyn a Dafydd Wyn.

Mae'r Cyfarwyddwr yn gweithio yn y Swyddfa Gymreig (0222-823695).

PARRY, Syr Thomas (1904-1985)

Ysgolhaig, bardd, dramodydd, athro a gweinyddwr. Un o Gymry mawr yr ugeinfed ganrif. Bu farw ar 22 Ebrill 1985 ym Mangor.

Fe'i ganed yng Ngharmel yng Ngwynedd ar 14 Awst 1904 yn fab i chwarelwr. Derbyniodd ei addysg gynnar yn Ysgol Pen-y-groes ac yna aeth i Goleg y Brifysgol ym Mangor gan raddio yn y Dosbarth Cyntaf mewn Cymraeg a Lladin ym 1926. Yn yr un flwyddyn, cafodd swydd darlithydd cynorthwyol mewn Cymraeg a Lladin yng Ngholeg y Brifysgol, Caerdydd, a chwblhaodd radd MA cyn dychwelyd ym 1929 i Fangor yn ddarlithydd yn y Gymraeg. Fe'i penodwyd yn Athro ym 1947 a bu yn y swydd honno hyd 1953 pryd y penodwyd ef yn Llyfrgellydd Llyfrgell Genedlaethol Cymru. Ym 1958 fe'i penodwyd yn Brifathro Coleg Prifysgol Cymru, Aberystwyth, a

bu yn y swydd honno hyd nes yr ymddeolodd ym 1969. Bu'n
Is-ganghellor Prifysgol Cymru o 1961 hyd 1963 ac eilwaith o
1967 hyd 1969. Yn ystod ei gyfnod fel Prifathro ehangodd y
coleg yn fawr iawn o ran nifer y myfyrwyr a hefyd o ran
adeiladau ac adnoddau ac yn ei gyfnod ef y gwelwyd ailsefydlu'r
coleg ar gampws Penglais. Ym 1963 fe'i penodwyd yn
Gadeirydd Pwyllgor Llyfrgelloedd, Pwyllgor Grantiau'r
Llywodraeth (UGC).

Bu'n amlwg yng ngweithgarwch yr Eisteddfod Genedlaethol
fel Cadeirydd y Cyngor ym 1959-60 ac fe fu'n Llywydd
Cymdeithas y Cymmrodorion o 1978 hyd 1982, ac yn Llywydd
Llys y Llyfrgell Genedlaethol o 1969 hyd 1977.

Derbyniodd nifer fawr o anrhydeddau, yn eu plith yr FBA
ym 1959, D Litt Celt ym 1968, LlD ym 1970 ac fe'i hurddwyd
yn Farchog ym 1978. Derbyniodd Fedal y Cymmrodorion ym
1978.

Yr oedd yn fardd praff a beirniad grymus yn y mesurau
caeth. Yr oedd hefyd yn ddramodydd a'i ddrama fydryddol
Llywelyn Fawr (1954) a'i gyfieithiad *Lladd wrth yr Allor* (1949)

yn cael eu hystyried yn weithiau pwysig.

Ond yn anad dim arall, ystyrir Thomas Parry yn un o brif ysgolheigion llenyddiaeth Gymraeg ac yn ŵr a gynhyrchodd nifer fawr o astudiaethau gwir safonol megis *Hanes Llenyddiaeth Gymraeg* (1945) a *Llenyddiaeth Cymru 1900-1945* (1945), *Gwaith Dafydd ap Gwilym* (1952), *Baledi'r Ddeunawfed Ganrif* (1935), *The Oxford Book of Welsh Verse* (1962) a *Hanes ein Llên* (1948). Wedi iddo ymddeol ymroes i hybu'r gwaith o gwblhau *Llyfryddiaeth Llenyddiaeth Gymraeg*, ac ymddangosodd hwnnw ym 1976.

Cyfrannodd yn helaeth i gylchgronau Cymraeg a dysgedig ei gyfnod, megis *Bwletin y Bwrdd Gwybodau Celtaidd*, *Trafodion y Cymmrodorion*, *Y Traethodydd* ac *Yr Athro*.

Gedy weddw, Enid (Davies gynt). Fe'u priodwyd ym 1936.

POOLE-HUGHES, Y Gwir Barchedig John Richard Worthington

Esgob Llandaf o 1976 hyd 1 Awst 1985 pryd yr ymddeolodd.

Fe'i ganed ar 8 Awst 1916 yn Llanymddyfri lle'r oedd ei dad yn Warden Coleg Llanymddyfri. Cafodd ei addysg yn Ysgol Uppingham, Coleg Hertford, Rhydychen, a Choleg Diwinyddol Wells, Gwlad yr Haf. Derbyniodd radd BA ym 1939 ac MA ym 1945. Yr oedd yn gwasanaethu gyda'r Royal Artillery gydol yr Ail Ryfel Byd, yn bennaf yn y Dwyrain Canol.

Fe'i hurddwyd yn ddiacon ym 1947, ac yn offeiriad ym 1949 a bu'n gwasanaethu yn Eglwys Sant Mihangel, Aberystwyth, o 1947 hyd 1950. Yna treuliodd gyfnod yn Affrica o 1950 hyd 1957, yn bennaf yn nhaleithiau dwyreiniol Tanzania (Tanganyika a Zanzibar y pryd hwnnw). Treuliodd gyfnod byr yn ôl yng Nghymru ar staff Coleg Sant Mihangel yn Llandaf o 1957 hyd 1959 cyn dychwelyd eilwaith i Affrica o 1959 hyd 1974 - fe'i penodwyd yn Esgob De Orllewin Tanganyika ym 1962.

Ym 1975 fe'i penodwyd yn Esgob Cynorthwyol Llandaf ac fe'i hetholwyd yn Esgob ar 9 Rhagfyr 1975 - y canfed esgob yn yr esgobaeth hynafol honno.

Ar ei ymddeoliad, symudodd i fyw i St. Ethelbert's House, Castle Hill, Henffordd, gyda'r bwriad o dreulio mwy o amser gyda'i hoff weithgarwch hamdden - ysgrifennu, ac i hybu achos y Trydydd Byd ac i fod yn lladmerydd i'r problemau yno.

Fe'i hystyrid yn esgob lled radicalaidd gan iddo ymosod ar ariangarwch yr Eglwys ac am iddo gefnogi ymgyrchoedd ar ran y di-waith.

POWEL, Robat Glyn
Bardd Cadair Eisteddfod Genedlaethol y Rhyl, 1985, y dysgwr cyntaf i gyflawni'r gamp.

Brodor o Dredegyr, Gwent. Fe'i ganed ar 29 Ionawr 1948. Cafodd ei addysg yn Ysgol Briery Hill, Glyn Ebwy (1953-59), Ysgol Ramadeg Glyn Ebwy (1959-66) a Choleg Prifysgol Llundain (1966-70). Graddiodd mewn Almaeneg ym 1970. Yna aeth i Goleg Prifysgol Cymru, Aberystwyth (1970-71), i gwblhau Tystysgrif Addysg.

Fe'i penodwyd ym 1971 i swydd athro Almaeneg a Ffrangeg yn Ysgol Gyfun Ystalyfera a bu'n Bennaeth Adran Ieithoedd Modern yr ysgol wedyn. Ym 1979 fe'i penodwyd yn swyddog ymchwil gyda'r Sefydliad Cenedlaethol Ymchwil ar Addysg a deil yn y swydd honno. Mae'n aelod o Undeb Cenedlaethol Athrawon Cymru. Ymhlith ei weithgarwch hamdden y mae dysgu Cymraeg i oedolion, llenyddiaeth, gwleidyddiaeth ac astudio ieithoedd tramor. Y mae hefyd yn ymddiddori'n fawr mewn chwaraeon ac y mae'n ohebydd ac yn sylwebydd ar bêl-droed ar Radio Cymru.

Mae'n ŵr priod, ac y mae ganddo ef a'i wraig, Sheila, ddau o blant, Brieg Tomos a Dyfan Hedd.

Cyhoeddodd *Yr Adduned*, sef cyfieithiad o *Das Versprechen* gan Friedrich Dürrenmatt. Cadair y Rhyl (am yr awdl 'Cynefin') oedd ei chweched cadair, gan iddo ennill mewn eisteddfodau yng Nghricieth, Dyffryn Clwyd, Chwilog, y Bontnewydd a Phowys.

Mae'n byw yn 160 Heol y Ficerdy, Treforys (0792-794665).

PRICE, Gareth

Rheolwr BBC Cymru, olynydd Geraint Stanley Jones a ddyrchafwyd gyda'r Gorfforaeth yn Llundain. Penodwyd Gareth Price ym mis Tachwedd 1985 a chychwynnodd ar ei waith ddechrau Ionawr 1986.

Ganed yn Corby, swydd Northampton, ar 30 Awst 1939, ond symudodd ei deulu i Gymru pan oedd yn blentyn a derbyniodd ei addysg yn Ysgol Elfennol Aberaeron, Ysgol Ramadeg Aberaeron ac Ysgol Ramadeg Ardwyn, a Choleg Prifysgol Cymru, Aberystwyth. Bu'n olygydd papur y myfyrwyr. Graddiodd mewn Economeg. Fe'i penodwyd ym 1962 yn ddarlithydd cynorthwyol mewn Economeg ym Mhrifysgol y Frenhines, Belfast. Ym 1964 ymunodd â'r BBC fel Cynhyrchydd Rhaglenni Materion Cyfoes a Phynciau'r Dydd ar y radio. Symudodd ym 1966 i swydd Cynhyrchydd Rhaglenni Nodwedd a Dogfen ar y teledu. Bu wrth y gwaith hwnnw hyd nes y'i penodwyd yn Ddirprwy Bennaeth Rhaglenni, Cymru,

ym 1974. Fe'i dyrchafwyd yn Bennaeth Rhaglenni, Cymru, ym 1981.

Ei ddiddordebau mawr, ar wahân i ddarlledu, yw gwleidyddiaeth, hanes a materion tramor. Cyhoeddodd gyfrol *David Lloyd George* ar y cyd â Bryn Parry ac Emyr Price ym 1981.

Y mae Gareth Price yn ŵr priod ac y mae ganddo ef a'i wraig, Mari (Griffiths gynt), dri o blant, Hywel, Aled a Menna. Y mae'n Gymro rhugl.

Ei ddymuniad mawr wrth ymgymryd â'i swydd yw ehangu'r nifer o raglenni o ddiddordeb Cymreig yn yr iaith Saesneg ar y teledu.

ROBERTS, Alwyn

Cyfarwyddwr Adran Allanol Coleg Prifysgol Gogledd Cymru er 1979. Llywodraethwr Cymru ar Fwrdd Llywodraethwyr y BBC, a gŵr a ddaeth i'r amlwg ym 1985 pan fu iddo anghydweld ag aelodau eraill y Bwrdd ynglŷn â dangos ffilm ar eithafiaeth yng Ngogledd Iwerddon. Denodd ganmoliaeth mawr a pharch oherwydd ei safiad egwyddorol.

Fe'i ganed ar 26 Awst 1933. Derbyniodd ei addysg yn Ysgol Ramadeg Pen-y-groes, Arfon, a bu'n fyfyriwr yng Ngholegau Prifysgol Aberystwyth a Bangor, gan ennill graddau BA a LlB. Yna aeth i astudio yng Nghaer-grawnt a dyfarnwyd gradd MA iddo.

Fe'i penodwyd yn diwtor yng Ngholeg Westminster, Caer-grawnt ym 1959 ond ym 1960 derbyniodd swydd Prifathro Coleg Coffa Pachunga yn yr Assam, India. Bu yno hyd 1967 pryd y penodwyd ef yn ddarlithydd mewn Gweinyddiaeth Gymdeithasol yng Ngholeg Prifysgol Abertawe. Dychwelodd i Fangor ym 1970 i staff yr Adran Theori Gymdeithasol a Sefydliadau a bu yno hyd nes y'i penodwyd i'w swydd bresennol.

Bu'n aelod o Fwrdd Llywodraethwyr y BBC er 1979 ac yn aelod o Gyngor Darlledu Cymru o 1974 hyd 1978. Fe'i penodwyd i Fwrdd Rheoli cyntaf S4C ym 1981 ac fe ddeil yn y swydd honno. Bu hefyd yn aelod o Gyngor Sir Gwynedd o 1973 hyd 1981 a bu'n Gadeirydd y Pwyllgor Gwasanaethau Cymdeithasol o 1977 hyd 1981. Bu hefyd yn aelod o Awdurdod

Iechyd Gwynedd o 1973 hyd 1980. Y mae'n aelod o Gyngor yr Eisteddfod Genedlaethol.

Y mae Alwyn Roberts yn ŵr priod ac yn dad i un mab.

Triga'r teulu yn 'Gwynfryn', Ffordd Caergybi, Bangor (0248-364052).

ROBERTS, Brynley Francis
Llyfrgellydd Llyfrgell Genedlaethol Cymru (0970-3816) ac olynydd Dr. Geraint Gruffydd yn y swydd honno. Un o ysgolheigion amlycaf Cymru ym maes rhyddiaith Gymraeg yr Oesoedd Canol.

Brodor o Aberdâr, Morgannwg Ganol. Fe'i ganed ar 3 Chwefror 1931. Cafodd ei addysg gynnar yn Ysgol Caradog, Aberdâr (1935-41), Ysgol Ramadeg y Bechgyn, Aberdâr (1941-48), ac yna aeth yn fyfyriwr i Goleg Prifysgol Cymru, Aberystwyth, ym 1948. Graddiodd yn y Dosbarth Cyntaf yn y Gymraeg ym 1951. Cwblhaodd raddau MA a PhD Prifysgol Cymru ac y mae'n Gymrawd o Gymdeithas yr Archifwyr (FSA). Rhwng 1954 a 1956 bu'n gwasanaethu yn y fyddin yn yr Almaen, gan arbenigo mewn cyfieithu o'r iaith Rwseg. Derbyniodd Gymrodoriaeth Prifysgol Cymru a dychwelodd i Aberystwyth ym 1956. Fe'i penodwyd yn ddarlithydd yn Adran y Gymraeg, Coleg Prifysgol Cymru, ym 1957 a bu'n uwch-ddarlithydd ac yn Ddarllenydd yn yr Adran honno cyn ei benodi'n Athro'r Gymraeg yng Ngholeg Prifysgol Abertawe ym 1978. Bu yno hyd nes y dychwelodd i Aberystwyth i ymgymryd â dyletswyddau ei swydd newydd fis Hydref 1985.

Y mae'n enillydd Gwobr Ellis Griffith, Prifysgol Cymru a Gwobr Cynddelw yr un brifysgol. Treuliodd flwyddyn ym 1969 yn Rhydychen fel Cymrodor Syr John Rhys. Ymhlith ei lu cyhoeddiadau y mae *Gwassanaeth Meir* (1961), *Brut y Brenhinedd* (1971), *Cyfranc Lludd a Llefelys* (1975), *Edward Lhuyd, the Making of a Scientist* (1980) a *Gerald of Wales* (1982) ac amryw erthyglau mewn cylchgronau dysgedig.

Ymhlith ei ddiddordebau proffesiynol y mae Cymdeithas y Llyfrgelloedd, y Gymdeithas Arthuraidd Ryngwladol, Cymdeithas y Cymmrodorion a'r Folk-narrative Society. Mae'n rhestru cerddoriaeth, darllen a cherdded ymhlith ei ddiddordebau hamdden. Y mae'n aelod amlwg o'r Eglwys Bresbyteraidd Gymraeg ac ar nifer o'i phwyllgorau a'i gweithgorau.

Mae Brynley Roberts yn ŵr priod; daw ei wraig, Rhiannon, hithau o Aberdâr. Mae ganddynt ddau fab—efeilliaid—Rolant, sy'n swyddog marchnata yng Nghaerdydd, a Maredudd sy'n gweini mewn uned seiciatrig yn Aylesbury. Mae'r Llyfrgellydd yn byw yn 'Hengwrt', Ffordd Llanbadarn, Aberystwyth (0970-3577).

ROBERTS, Edward Meirion
Dylunydd, arlunydd a chartwnydd. Ymddangosodd ei waith ar gloriau ac ar dudalennau cyhoeddiadau Cymraeg, yn llyfrau, cylchgronau a newyddiaduron, yn gyson dros gyfnod o ddeugain mlynedd.

Ganed yn Llan Ffestiniog ar 17 Mai 1913. Cafodd ei addysg gynradd rhwng 1917 a 1924 yn ysgolion Llan Ffestiniog a'r

Bala. O 1924 hyd 1928 bu yn Ysgol Tandomen, y Bala (ac eithrio cyfnod mewn ysbyty), ac ym 1932 aeth yn fyfyriwr i Goleg Celf a Chrefft Caer. Bu yno hyd 1934.

Rhwng 1934 a 1939 bu'n arlunydd masnachol yn Llundain. Treuliodd flynyddoedd y Rhyfel, 1939-45, yn y Fyddin, gan gynnwys cyfnod o bedair blynedd tramor. Rhwng 1946 a 1954 bu'n byw yng Nghaerdydd, Pontllanffraith a Lerpwl yn dilyn ei alwedigaeth, a neilltuodd flwyddyn yn ceisio byw ar waith darlunio llyfrau Cymraeg. Blwyddyn aflwyddiannus yn ariannol fu honno yn ôl ei gyfaddefiad ei hunan.

Ym 1954 symudodd i fyw i Fae Colwyn a bu'n arlunydd masnachol cwmni hysbysebu yno hyd nes iddo ymddeol ym 1978.

Bu arddangosfa helaeth o'i waith ym Mhabell Celf a Crefft Eisteddfod Genedlaethol y Rhyl 1985, ac yn ystod mis Hydref 1985 bu ei waith yn cael ei arddangos yn Oriel Mostyn, Llandudno. Bu'n enillydd cyson yng nghystadlaethau celf y Genedlaethol.

Amcangyfrifir iddo gyfrannu clawr neu ddarlun i dros bedwar cant o lyfrau Cymraeg a bu'n llunio cloriau'r *Faner*, *Cymru'r Plant* ac yn darlunio *Cymru* a *Cymraeg* dros gyfnod maith. Ymhlith y llyfrau sy'n cynnwys ei waith y mae *Gwyddonwyr Enwog* (1961), *Miri'r Plant* (1961), *Storïau Mawr y Byd* (1976), *Y Merlyn Du* (1970), *Y Dryslwyn* (1945), *Ar Goll* (1957), a *Y Neges Gyfrin* (1960).

Mae E. Meirion Roberts yn ŵr priod. Mae'n dad i ddau o blant - Ann Gaunor a Wyn Meirion. Mae'n byw yn 'Trefin', 5 Heol Min-y-Don, Hen Golwyn (0492-515320). Ymhlith ei ddiddordebau hamdden y mae darllen, darlunio, peintio, cartwnau, pysgota, llunio mapiau, platiau llyfrau a phosteri a garddio - o reidrwydd.

ROBERTS, Elfed
Trefnydd yr Eisteddfod Genedlaethol yn y gogledd, olynydd Osian Wyn Jones.

Brodor o Ben-y-groes, Arfon. Fe'i ganed ar 5 Gorffennaf 1949. Cafodd ei addysg yn Ysgol Gynradd Pen-y-groes ac Ysgol Dyffryn Nantlle, Pen-y-groes. Pan adawodd yr ysgol ym 1967 aeth yn newyddiadurwr gyda phapurau'r *Herald* yng Nghaernarfon, a bu gyda'r grŵp hyd 1978. Yn y flwyddyn

honno fe'i penodwyd yn gynrychiolydd i gwmni amaethyddol. Ym 1980 fe'i penodwyd yn Swyddog Datblygu Urdd Gobaith Cymru yn Eryri, gwaith y bu ynddo hyd 1983 pryd y penodwyd ef yn Drefnydd Eisteddfodau Cenedlaethol yr Urdd yn y gogledd, swydd y bu ynddi hyd nes yr ymgymerodd â'i ddyletswyddau presennol ar 1 Ionawr 1986.

Mae'n ŵr priod ac y mae ganddo ef a'i wraig, Eirian, ddau o blant, Iwan Llŷr a Heledd Angharad.

Ymhlith ei ddiddordebau hamdden y mae gwylio chwaraeon ar y teledu, sgwrsio a dadlau a gwylio adar.

Bydd yn trigo a gweithio ym Mhorthmadog hyd 1987 a'i bencadlys yw Swyddfa'r Eisteddfod, 7 Bank Place, Porthmadog, Gwynedd (0766-2245).

ROBERTS, Gwilym Elwyn

Athro, gŵr a fu'n weithgar gyda nifer o fudiadau Cymreig ac ymhlith dysgwyr y Gymraeg. Ymddeolodd o gadeiryddiaeth y Mudiad Ysgolion Meithrin ym 1985; bu yn y swydd er 1981 a bu'n gysylltiedig â'r mudiad er ei sefydlu ym 1971.

Brodor o Lanisien, Caerdydd. Fe'i ganed ar 12 Chwefror 1935. Derbyniodd ei addysg yn Ysgol Gynradd Rhiwbeina (1940-46), Ysgol Ramadeg y Bechgyn ym Mhenarth (1946-53) a Choleg y Drindod Caerfyrddin (1955-58). Derbyniodd ei Dystysgrif Athro ym 1958. Yn yr un flwyddyn aeth i Goleg Prifysgol Cymru, Aberystwyth, i ddilyn cwrs Diploma i Athrawon mewn dwyieithrwydd, a gwneud hynny yn

llwyddiannus. Derbyniodd radd MA er anrhydedd gan y Brifysgol Agored ym 1980 am ei waith arloesol dros yr iaith Gymraeg.

Bu'n athro Cymraeg yn Ysgol Gynradd Trelái, Caerdydd, o 1958 hyd 1970, yn Ysgol Gynradd Rhymni, Caerdydd, o 1970 hyd 1972 ac yn Ysgol Gynradd Springwood, Caerdydd, o 1972 hyd y presennol.

Mae'n aelod o Undeb Cenedlaethol Athrawon Cymru, ef yw golygydd *Meithrin*, sef cylchgrawn y Mudiad Ysgolion Meithrin, mae'n un o ymddiriedolwyr Clwb Ifor Bach, Caerdydd, ac mae'n arweinydd adran bentre'r Urdd yn Rhiwbeina.

Mae'n ŵr sengl, ac yn hoff o ganu a cherddoriaeth, chwarae tenis, loncian, nofio a cherdded.

Bu'n Llywydd y Dydd yn Eisteddfod Genedlaethol yr Urdd yn y Barri, yn Llywydd y Dydd yn Eisteddfod Genedlaethol Cymru, Caerdydd, ac yn Llywydd yr Ŵyl yn Eisteddfod Genedlaethol yr Urdd yng Nghaerdydd ym 1985.

Y mae'n byw yn 6 Heol Wen, Rhiwbeina, Caerdydd (0222-693254).

ROBERTS, Kate (1891-1985)
Nofelydd, awdur storïau byrion, newyddiadures, ac un o brif ffigyrau llenyddiaeth Gymraeg yr ugeinfed ganrif.

Fe'i ganed ym 1891 ym Mryn Gwyrfai, Rhosgadfan, Gwynedd. Cafodd ei haddysg yn yr Ysgol Sir, Caernarfon (1904-10), a Choleg Prifysgol Gogledd Cymru, Bangor (1910-13). Graddiodd yn y Gymraeg.

Ym 1913 fe'i penodwyd i swydd dysgu yn Ysgol Elfennol Dolbadarn, Llanberis, a bu yno am flwyddyn.

Ym 1915 fe'i penodwyd i swydd athrawes y Gymraeg yn Ysgol Ystalyfera, Morgannwg, lle bu Gwenallt yn ddisgybl iddi. Ym 1917 symudodd i swydd athrawes y Gymraeg yn Ysgol Sir y Merched yn Aberdâr. Bu yn Aberdâr hyd 1928, y flwyddyn y priododd Morris T. Williams. Buont yn byw yn y de—yng Nghaerdydd a Thonypandy—nes iddynt symud i Ddinbych ym 1935 pan brynasant Wasg Gee a'r wythnosolyn oedd yn eiddo i'r wasg, sef *Y Faner*. Bu Morris T. Williams farw ym 1946 ond bu Kate Roberts yn rhedeg y fusnes hyd 1956 pryd yr ymddeolodd.

Ym 1925 y cyhoeddwyd ei chyfrol gyntaf, sef cyfrol o straeon byrion—*O Gors y Bryniau*—ac ym 1927 y cyhoeddwyd *Deian a Loli*. Fe'i dilynwyd ym 1929 gan *Rhigolau Bywyd a Storïau Eraill* ym 1937. Bu bwlch o ddeuddeng mlynedd cyn i'w chyfrol nesaf ymddangos, *Stryd y Glep* (1949), ac wedi hynny cyhoeddwyd *Y Byw sy'n Cysgu* (1956), *Te yn y Grug* (1959) a *Y Lôn Wen* (1960). Ym 1962 yr ymddangosodd *Tywyll Heno*, ym 1964 cyhoeddwyd *Hyn o Fyd*, a'u dilyn gan *Tegwch y Bore* (1967), *Prynu Dol a Storïau Eraill* (1969), *Gobaith a Storïau Eraill* (1972), *Yr Wylan Deg* (1976), ac ym 1981 yr ymddangosodd ei chyfrol olaf, *Haul a Drycin a Storïau Eraill*.

Cyhoeddodd nifer o erthyglau a storïau mewn cylchgronau a phapurau yn ogystal ac fe gyhoeddwyd casgliad sylweddol ohonynt gan David Jenkins yn *Erthyglau ac Ysgrifau Llenyddol Kate Roberts* (1978).

Daeth nifer o anrhydeddau i'w rhan—derbyniodd radd DLitt Prifysgol Cymru er anrhydedd ym 1950, derbyniodd Fathodyn Anrhydeddus Gymdeithas y Cymmrodorion ym 1961 a Phrif Wobr Cyngor Celfyddydau Cymru ym 1968. Ym 1983 cyflwynwyd tysteb genedlaethol iddi.

Bu'n weithgar ar ran cymdeithasau a mudiadau Cymraeg gydol ei hoes, gan gynnwys Plaid Cymru a'r Urdd, a bu'n fawr ei chefnogaeth i'r mudiad i sefydlu ysgol Gymraeg Twm o'r Nant, Dinbych. Bu hefyd yn athrawes Ysgol Sul yn y Capel Mawr.

Bu farw yn Ysbyty Dinbych wedi cystudd hir ar 14 Ebrill 1985.

ROSSER, Syr Melvyn Wynne

Gŵr busnes amlwg, cyfrifydd siartredig, Cadeirydd Cwmni HTV i olynu'r Arglwydd Harlech a Llywydd Coleg Prifysgol Cymru, Aberystwyth, olynydd yr Arglwydd Cledwyn o Benrhos.

Brodor o Abertawe a Chymro rhugl. Fe'i ganed ar 11 Tachwedd 1926 yn fab i weithiwr dur o Lansamlet. Cafodd ei addysg yn ysgolion Glan-y-môr a'r Esgob Gore yn Abertawe,

yna aeth i weithio i gwmni o gyfrifyddion, gan ennill ei gymhwyster ym 1949. Ymunodd â chwmni Deloitte ym 1950 a bu gyda'r cwmni hwnnw byth oddi ar hynny, gan ei weld yn tyfu i fod yn gwmni cydwladol tra llwyddiannus. Fe'i gwnaed yn bartner yn y cwmni ym 1961. Bu'n gweithio yn Abertawe o 1961 hyd 1968, yng Nghaerdydd o 1968 hyd 1980, ac wedi hynny yn Llundain.

Fe'i penodwyd i nifer fawr iawn o gyrff cyhoeddus yng Nghymru. Bu'n un o gyfarwyddwyr Awdurdod Datblygu Cymru o 1961 hyd 1980, yn Gyfarwyddwr y Cwmni Bysiau Cenedlaethol o 1969 hyd 1972, yn Gyfarwyddwr Bwrdd Telathrebu Cymru a'r Gororau rhwng 1970 a 1980, yn aelod o Gyngor Rhanbarth Cymru o Gydffederasiwn Diwydianwyr Prydain (y CBI), yn aelod rhan-amser o'r Bwrdd Glo Cenedlaethol er 1980, yn Gadeirydd Pwyllgor Cymru o Gomisiwn y Gweithlu (MSC), a bu hefyd yn aelod o Gyngor Cymru o 1968 hyd 1970, o Gyngor Economaidd Cymru o 1965 hyd 1968 a bu'n Is-lywydd Coleg Prifysgol Cymru, Aberystwyth, o 1977 hyd 1985 pryd y'i hetholwyd yn Llywydd.

Fe'i hurddwyd yn Farchog ym 1974 ac fe'i gwnaethpwyd yn aelod o Orsedd y Beirdd.

Ymhlith ei ddiddordebau y mae garddio a cherddoriaeth—bu'n ystyried gyrfa gerddorol pan oedd yn ŵr ifanc. Y mae'n ŵr priod ac yn dad i un mab ac un ferch. Y mae'n byw yn 'Corlan', 53 Birchgrove Road, Lôn-las, Abertawe (0792-812286).

THOMAS, Yr Athro Dewi Prys (1916-1985)
Cyn-bennaeth Ysgol Bensaernïol Cymru, swydd y bu ynddi o 1960 hyd 1981. Fe'i penodwyd yn Athro Pensaernïaeth cyntaf Prifysgol Cymru pan ymunodd yr Ysgol ag Athrofa Gwyddoniaeth a Thechnoleg Prifysgol Cymru ym 1964. Fe'i ganed yn Lerpwl ar 5 Awst 1916 a bu farw wedi cyfnod hir o afiechyd ar 28 Tachwedd 1985.

Hanai o deulu Cymreig. Cafodd ei addysg yn Lerpwl a graddiodd yn y Dosbarth Cyntaf o Ysgol Bensaernïol Prifysgol Lerpwl ym 1938. Dangosodd ddisgleirdeb anghyffredin tra oedd yn fyfyriwr gan iddo ennill gwobrau am ddwy flynedd yn olynol, a gwobrau eraill a'i galluogodd i deithio'r byd i barhau gyda'i astudiaethau ym 1936 a 1938. Treuliodd gyfnod rhwng 1942 a 1947 gyda chwmni o benseiri yng Nghaerdydd ac yna, ym 1947, fe'i penodwyd yn ddarlithydd (ac yn ddiweddarach yn uwch ddarlithydd) yn ôl ym Mhrifysgol Lerpwl. Ym 1960 fe'i denwyd yn ôl i Gaerdydd ac i'r Ysgol Bensaernïol.

Fe'i penodwyd yn Ddeon Cyfadran Cynllunio'r Amgylchedd yn yr Athrofa ar ddau achlysur - rhwng 1967 a 1969, ac yna rhwng 1971 a 1973. Ef oedd Is-brifathro'r Athrofa rhwng 1969 a 1971.

Rhoes flynyddoedd lawer o wasanaeth i wahanol fudiadau a sefydliadau megis Llys Prifysgol Cymru, Comisiwn Brenhinol yr Henebion yng Nghymru (1970-), Yr Ymddiriedolaeth Drefol yng Nghymru (1964-), Llys Llywodraethwyr Theatr Genedlaethol i Gymru (1967-) a Bwrdd Gwasg Prifysgol Cymru. Daeth nifer fawr o anrhydeddau i'w ran ac fe'i gwnaed yn aelod er anrhydedd o Orsedd y Beirdd ym 1983. Yr oedd hefyd yn ddarlithydd poblogaidd ac yn ddarlledwr mynych - am rai blynyddoedd bu'n cymryd rhan mewn dramâu radio.

Ystyrir mai ei ragoriaeth fel pensaer oedd ei allu i gynllunio'r newydd i gyd-weddu â'r amgylchedd. Un o'i gampweithiau diwethaf oedd cynllun pencadlys newydd Cyngor Sir Gwynedd yng nghysgod Castell Caernarfon. Un arall o'i weithiau hysbys oedd cynllun Dalar Wen, Llangadog, cartref ei chwaer a'i frawd-yng-nghyfraith, Dr. a Mrs. Gwynfor Evans.

Cyhoeddodd nifer helaeth o erthyglau mewn gwahanol gylchgronau a gweithiau gan gynnwys *Treftadaeth: the heritage* (1975) a phennod yn *Artists in Wales* (3) ym 1983.

Gedy wraig, Joyce, a dwy lysferch a dau lysfab.

THOMAS, Yr Athro John Meurig

Gwyddonydd, Athro a Phennaeth yr Adran Gemeg-Ffisegol, Prifysgol Caer-grawnt. Ym 1985 fe'i penodwyd yn Gyfarwyddwr y Sefydliad Brenhinol a Labordai Davy-Faraday, Llundain, swydd y bydd yn ymgymryd â'i dyletswyddau fis Hydref 1986.

Brodor o Bont-henri ger Llanelli. Fe'i ganed ar 15 Rhagfyr 1932. Cafodd ei addysg yn Ysgol Llechyfedach (1937-44), Ysgol y Gwendraeth (1944-51), a Choleg y Brifysgol, Abertawe (1951-56). Graddiodd yn y Dosbarth Cyntaf mewn Cemeg. Bu hefyd yng Ngholeg y Frenhines Fair, Prifysgol Llundain, rhwng 1956 a 1957. Yn ogystal â'i radd gyntaf, y mae ganddo PhD a DSc (Cymru), LlD er anrhydedd (Cymru) ac mae'n

Gymrawd y Gymdeithas Frenhinol (FRS) er 1977.

Cafodd ei swydd gyntaf gyda'r Bwrdd Ynni Atomig (1957-58), yna fe'i penodwyd yn ddarlithydd cynorthwyol mewn Cemeg yng Ngholeg Prifysgol Bangor ym 1958. Fe'i dyrchafwyd yn ddarlithydd ym 1959, yn brif ddarlithydd ym 1964 ac yn Ddarllenydd ym 1965. Ym 1969 fe'i penodwyd yn Athro a Phennaeth yr Adran Gemeg yng Ngholeg Prifysgol Cymru, Aberystwyth, a bu yn y swydd honno hyd nes y'i penodwyd ym 1978 i swydd Pennaeth ac Athro yn yr Adran Gemeg-Ffisegol yng Nghaer-grawnt.

Ymhlith ei gyhoeddiadau y mae llyfrau ar gatalysis a thua 480 o erthyglau gwyddonol, nifer ohonynt yn y Gymraeg. Derbyniodd nifer o wobrau ac anrhydeddau, yn eu plith Wobr Corday-Morgan y Gymdeithas Gemegol (1967), Gwobr Pettinos (1969) yn yr Unol Daleithiau, Gwobr Arian y Gymdeithas Gemegol—Gwobr Tilden (1973), Gwobr Hugo Muller (1983) ac fe'i gwnaed yn Gymrawd o Academi'r India, Bangalore a New Delhi. Traddododd Ddarlith Flynyddol BBC Cymru ym 1978, *Pan edrychwyf ar y nefoedd.*

Teithiodd yn helaeth i wledydd tramor ynglŷn â'i waith ac i ddarlithio.

Mae'n ŵr priod: daw ei wraig, Margaret (Edwards gynt), o Langennech, ac y mae ganddynt ddau o blant, Lisa Marged ac Elen Naomi Fflur.

Ymhlith ei ddiddordebau y mae llenyddiaeth—a llenyddiaeth Gymraeg yn arbennig—adar, mabolgampau a chriced, a gwareiddiadau hynafol, yn enwedig yr Aifft.

Y mae'n byw yn 37 Sedley Taylor Road, Caer-grawnt.

TOMOS, Angharad Wyn

Awdures. Enillydd Ysgoloriaeth Breswyl 1985 Cymdeithas Gelfyddydau Gogledd Cymru a Gwobr Llenor Ifanc 1985 Cyngor Celfyddydau Cymru.

Fe'i ganed ym Mangor ar 19 Gorffennaf 1958 ond bellach mae'n byw yn 'Bron Wylfa', Llanwnda, Caernarfon (0286-830276). Cafodd ei haddysg yn Ysgol Gynradd Bontnewydd (1962-69), ac Ysgol Dyffryn Nantlle, Pen-y-groes (1969-76). Treuliodd flwyddyn (1976-77) yng Ngholeg Prifysgol Cymru, Aberystwyth, a bu'n fyfyriwr yng Ngholeg Prifysgol Gogledd Cymru, Bangor, o 1978 hyd 1981. Graddiodd mewn Cymraeg a

Chymdeithaseg ym 1981. Bu hefyd yn fyfyrwraig yn y Coleg
Normal ym 1982-83 yn dilyn cwrs Tystysgrif Dysgu.

Bu'n ysgrifennydd Cymdeithas yr Iaith rhwng 1977 a 1978 ac
yn ddylunydd graffig yng Nghanolfan Addysg Grefyddol
Bangor o 1981 hyd 1982. Rhwng 1983 a 1984 bu'n ymchwilio i
ddylanwad S4C ar y Gymraeg. Wedi cyfnod yr Ysgoloriaeth
Breswyl bu'n gwneud gwaith sgriptio ar gyfer radio.

Enillodd Goron yr Eisteddfod Ryng-golegol ym 1977 a 1980
ac enillodd Fedal Ryddiaith Eisteddfod Genedlaethol Urdd
Gobaith Cymru ym 1981 a 1982 ac fe gyhoeddwyd ei gwaith -
Rwy'n gweld yr haul (1981) a *Hen fyd hurt* (1982) - ar yr
achlysuron hynny. Ym 1983 cyhoeddwyd y cyntaf o'r llyfrau
plant a luniodd yng nghyfres Rwdlan i Wasg y Lolfa - *Rala
Rwdins*. Fe'i dilynwyd gan *Ceridwen* (1983), *Diffodd yr Haul*
(1984), *Y Dewin Dwl* (1984), *Llipryn Llwyd* (1985), *Mali
Meipen* (1985) a *Diwrnod Golchi* (1986). Dyfarnwyd Gwobr Tir
Na-n-Og 1986 iddi am *Llipryn Llwyd*. Ei chyfrol *Yma o Hyd*
(1985) enillodd iddi Wobr Cyngor y Celfyddydau. Cyfrannodd
nifer fawr o erthyglau, storïau ac ysgrifau i gylchgronau hefyd.

Ei diddordebau mawr yw darllen, ysgrifennu, gwnïo,

ffilmiau, gwaith llaw, arlunio, teithio Cymru, llên fodern a llên i blant a gwleidyddiaeth - mae'n cefnogi Plaid Cymru. Y mae hefyd yn weithgar yn ei chapel ac y mae'n aelod o *Gweled*, sef Cymdeithas y Celfyddydau Gweledol yng Nghymru.

WILLIAMS, Deryk Meredith

Dirprwy Olygydd Newyddion a Materion Cyfoes BBC Cymru. Fe'i penodwyd i'r swydd honno fis Medi 1985.

Brodor o Gricieth, Gwynedd. Fe'i ganed yno ar 11 Chwefror 1942. Cafodd ei addysg yn Ysgol Cricieth (1946-52) ac Ysgol Eifionydd, Porthmadog (1952-60) cyn mynd yn fyfyriwr i Goleg y Brifysgol, Rhydychen, ym 1960. Graddiodd ym 1963 yn y Gyfraith.

Ymunodd â Chwmni TWW ym 1963 fel ymchwilydd ac is-olygydd rhaglen newyddion *Y Dydd* a bu gyda'r cwmni hyd 1967. Yn y flwyddyn honno ymunodd â'r BBC fel Cyfarwyddwr Rhaglenni Nodwedd a bu hefyd yn gyfarwyddwr, yn gynhyrchydd ac yn olygydd y rhaglen *Heddiw* hyd nes y daeth i ben ym 1982.

Yna bu'n olygydd y rhaglen a'i dilynodd o dan drefn newydd darlledu yn y Gymraeg wedi dyfod S4C, sef *Newyddion Saith*, a hynny o 1982 hyd 1985 pryd y penodwyd ef i'w swydd bresennol.

Y mae Deryk Williams hefyd yn llais cyfarwydd ar amryw o raglenni Radio Cymru ac y mae'n awdur drama radio *Tra bo dwy*, ac erthyglau a sgetsys i raglenni radio a theledu. Ymhlith ei ddiddordebau y mae chwaraeon yn cael lle amlwg - yn enwedig criced a phêl-droed. Y mae hefyd yn hoff o ddarllen nofelau, macramé, a deifio scuba.

Y mae'n ŵr priod ac y mae ganddo ef a'i wraig, Mair Elizabeth Catlin gynt, dri o blant, Huw, Nia a Sara.

WILLIAMS, Emlyn

Actor a dramodydd. Dathlodd ei ben-blwydd yn 80 oed ym 1985, ac yntau yn parhau yn un o gymeriadau prysuraf y llwyfan Seisnig.

Fe'i ganed yn Ffynnongroyw ar 26 Tachwedd 1905. Cafodd addysg amrywiol—yn Ysgol Sir Ffynnongroyw, yn Genefa yn y Swistir, a Choleg Eglwys Crist Rhydychen, lle y derbyniodd radd MA. Daeth nifer fawr o anrhydeddau i'w ran gan gynnwys y CBE ym 1962 am ei wasanaeth i'r theatr, a gradd doethur gan Brifysgol Cymru. Bu farw ei wraig, Molly O'Shann, ym 1970. Yr oedd ganddynt ddau fab.

Y mae'n un o'r ffigyrau mwyaf amlochrog ym myd actio a'r ddrama. Gwnaeth ymddangosiadau niferus iawn ar brif lwyfannau Prydain a nifer helaeth o wledydd tramor; bu'n ddarlledwr a theledwr hynod boblogaidd a llwyddiannus—yr oedd ei berfformiadau yn *The Deadly Game* (1982) a *Rumpole of the Bailey* (1983) yn nodedig; y mae ei lyfrau yn parhau'n boblogaidd, yn arbennig ei hunangofiannau—*George* (1961) ac *Emlyn* (1973)—ac yn ddiweddar bu ei nofel *Headlong* (1980) ymhlith rhestrau y llyfrau a werthodd orau.

Ymhlith ei ffilmiau mwyaf enwog y mae *The Last Days of Dolwyn* (1949), *I accuse* (1957), *The wreck of the Mary Deare* (1959), *The L-shaped room* (1962), a *David Copperfield* (1969). *Night must fall* (1935), yn ddiamau, yw un o'i ddramâu mwyaf hysbys ac ymhlith y goreuon eraill y mae *The Corn is Green (1938)*, *The Light of Heart* (1940), *The Morning Star* (1942), *The Wind of Heaven* (1945) ac *Accolade* (1951).

Y mae Emlyn Williams yn byw yn Llundain yn 123 Dorehouse Street, SW3 (01-352-0208). Yn ddiweddar cyhoeddodd awdurdodau Theatr Clwyd fod y Theatr Stiwdio yno i'w henwi yn Stiwdio Emlyn Williams i ddathlu achlysur ei ben-blwydd.

WILLIAMS, Euryn Ogwen
Rheolwr Rhaglenni a Dirprwy Gyfarwyddwr S4C.

Brodor o Fangor. Fe'i ganed ar 22 Rhagfyr 1942. Cafodd ei addysg ym Mhenmachno a Llanrwst a bu'n ddisgybl yn Ysgol Alun, yr Wyddgrug, rhwng 1953 a 1959. Yna aeth i Goleg y Brifysgol, Bangor, lle y graddiodd, a sicrhaodd Ddiploma mewn Addysg yn ogystal. Bu'n Llywydd Undeb y Myfyrwyr ym 1964. Yn yr un flwyddyn aeth i weithio gyda chwmni teledu TWW fel cyfarwyddwr teledu—swydd y bu ynddi tan 1968. Yn y flwyddyn honno dyfarnwyd y drwydded deledu annibynnol i gwmni Teledu Harlech a bu Euryn Ogwen yn gynhyrchydd teledu i gwmni HTV tan 1977. Fe'i dyrchafwyd hefyd i fod yn ddirprwy i'r Pennaeth Rhaglenni ym 1976. Ym 1977 aeth i weithio ym myd y cyfryngau ar ei liwt ei hunan a bu'n cynhyrchu, cyflwyno a chyfarwyddo rhaglenni fel cynhyrchydd annibynnol. Yn yr un cyfnod sefydlodd Gwmni Eos. Ym 1981 fe'i penodwyd i'w swydd bresennol a deil yn y swydd honno wedi i'r Swyddfa Gartref gadarnhau trefniadau arbrofol darlledu ar y Bedwaredd Sianel yng Nghymru wedi arolwg ddiwedd 1985.

Y mae Euryn Ogwen yn ŵr priod; y mae ei wraig, Jennie Ogwen, yn wyneb cyfarwydd fel cyflwynwraig ar y teledu, ac y mae ganddynt ddau o blant, Rhodri a Sara.

Byd teledu yw diddordeb amlycaf Euryn Ogwen ond yn ei

oriau hamdden mae'n ymddiddori mewn barddoniaeth ac eisteddfota—cyhoeddwyd cyfrol o'i waith, *Pelydrau Pell*, ym 1974, a chyfrannodd yn achlysurol i nifer o gylchgronau a chasgliadau. Chwaraeon a gwleidyddiaeth a'i gapel yw ei ddiddordebau eraill.

Y mae Euryn Ogwen a'i deulu yn byw yn 'Ger-y-Don', 12 Maes-y-Coed, Cnap, y Barri, De Morgannwg.

WILLIAMS, Meurwyn

Darlledwr, cynhyrchydd yn Adran Grefydd BBC Cymru a chyflwynydd rhaglenni.

Brodor o Frynaman, Dyfed. Fe'i ganed ar 27 Gorffennaf 1940. Derbyniodd ei addysg yn ysgolion Brynaman ac Ysgol Ramadeg Dyffryn Aman. Bu'n fyfyriwr yng Ngholeg Coffa Abertawe yn ymgymhwyso i'r weinidogaeth gydag Undeb yr Annibynwyr.

Bu'n weinidog yn Nhrawsfynydd (1963-67), Rhydymain, ger Dolgellau (1969-73) a Phen-y-groes, Arfon (1973-77). Rhwng 1967 a 1969 bu'n weinidog gyda'r Presbyteriaid Americanaidd yn ninas Detroit.

Fe'i penodwyd i'w waith gyda BBC Cymru ym 1977 ac y mae'n llais cyfarwydd ar nifer o raglenni crefyddol; bydd yn cyfrannu o bryd i'w gilydd i raglenni cyffredinol yn ogystal,

megis darllediadau byw o'r Ŵyl Gerdd Dant ac eraill. Er 1979 y mae hefyd yn bwrw gofal dros eglwys Bethel, Penarth.

Mae'n ŵr priod. Mae ei wraig, Carys, yn amlwg yng ngweithgarwch y byd Cerdd Dant. Y mae ganddynt ddwy o ferched, Non Gwilym a Sara Gwilym. Mae'r teulu yn byw yn 38 Highfields, Llandaf, Caerdydd.

WILLIAMS, Ronald
Prifathro'r Coleg Normal, Bangor, ac olynydd Dr J. A. Davies yn y swydd.

Brodor o Bontllyfni, Gwynedd. Fe'i ganed ar 20 Hydref 1935. Cafodd ei addysg yn Ysgol Gynradd Clynnog Fawr (hyd 1947) ac Ysgol Dyffryn Nantlle, Pen-y-groes (1947-55). Yna aeth i Goleg Prifysgol Gogledd Cymru, Bangor, ym 1955, gan raddio mewn Mathemateg ym 1959. Cwblhaodd gwrs Diploma mewn Addysg yn ogystal cyn gadael y brifysgol ym 1960.

Ym 1960 fe'i penodwyd yn athro mathemateg yn Ysgol Ramadeg Penarlâg. Ym 1962 ymunodd â staff Coleg y Santes Fair, Bangor, fel darlithydd, ac yn ddiweddarach, bu'n brif ddarlithydd yno. Ym 1973 fe'i penodwyd yn Ddirprwy

Brifathro Ysgol David Hughes, Porthaethwy, ac ym 1974 fe'i penodwyd yn Brifathro Ysgol Aberconwy. Ym 1979 fe'i penodwyd yn un o Arolygwyr ei Mawrhydi a threuliodd gyfnodau yng Ngwynedd a De Morgannwg yn y gwaith hwnnw. Bu yn y swydd honno hyd 1983 pryd yr ymunodd ag Awdurdod Addysg Gwynedd fel Prif Ymgynghorydd Addysg, ac o'r swydd honno y penodwyd ef i swydd Prifathro'r Coleg Normal (0248-352121) ym mis Ebrill 1985.

Diddordebau mawr Ronald Williams yw lle mathemateg yng nghwricwlwm ysgol (y mae'n aelod o'r Gymdeithas Athrawon Mathemateg, yr ATM) ac addysg a hyfforddiant mewn swydd. Garddio, chwaraeon a cheir yw ei brif ddiddordebau hamdden.

Y mae'n ŵr priod ac y mae ganddo ef a'i wraig, Wenna, ddau o blant, Huw Emyr a Nerys Wyn.

WILLIAMS, Sioned Edwards
Telynores. Fe'i ganed ym Mancot, Clwyd, ar 1 Gorffennaf 1953 ac fe gafodd ei haddysg gynnar yn ysgolion Glan'rafon a Maes Garmon, yr Wyddgrug. Ym 1971 aeth yn fyfyrwraig i Goleg

Cerdd a Drama Cymru, lle bu'n ddisgybl i Elinor Bennett, ac wedi iddi gael yr LWCMD aeth i'r Academi Gerdd Frenhinol ym 1974 a chael yr LRAM a'r DipRAM cyn gadael ym 1976. Bu'n un o ddisgyblion Osian Ellis yn yr Academi.

Gwnaeth ei hymddangosiad proffesiynol cyntaf yn Ystafell Purcell ym 1977, ond wedi hynny ymddangosodd ar lwyfannau amlycaf y byd cerddorol a gyda rhai o brif gerddorfeydd y byd, gan gynnwys Cerddorfa Symffoni Llundain, y Gerddorfa Philharmonig Frenhinol a Cherddorfa Philharmonig Llundain, Cerddorfa Symffoni'r BBC, a Cherddorfeydd Operâu Cenedlaethol Lloegr, yr Alban a Chymru. Ymddangosodd am y tro cyntaf gyda Cherddorfa Symffoni BBC Cymru fis Mawrth 1985. Gwnaeth ymddangosiadau niferus iawn fel unawdydd yn ogystal a bu'n darlledu ac yn ymddangos ar deledu yn rheolaidd. Enillodd nifer fawr o wobrau gan gynnwys y Concert Artists Guild Award yn Efrog Newydd.

Bu'n Athro'r Delyn yn y Coleg Cerdd Brenhinol, yn Athro'r Delyn yng Ngholeg Cerdd Llundain er 1985 ac er dechrau 1986 bu'n Athro'r Delyn yng Ngholeg Cerdd y Drindod yn Llundain.

Cyfansoddodd a chyfaddasodd nifer o weithiau i'r delyn ac fe'i clywir ar dair record gan Gwmni Meridian—*Spun Gold* (E45003), *Harp Music by John Parry* (E45002) a *Harp Music by John Thomas* (E4577 066) sy'n gynnyrch ymchwil arbennig a wnaeth gyda chymorth Cyngor y Celfyddydau. Golygodd bedair sonata o waith John Parry a gyhoeddwyd ym 1982, ac un o Suites Bach i'w chyhoeddi gan Wasg Prifysgol Rhydychen.

Y mae'n aelod o Orsedd y Beirdd, o Gymdeithas Gorfforedig y Telynorion, Cymdeithas Telynorion y Deyrnas Unedig, Cymdeithas Telynwyr America, y Gymdeithas Gerdd Dant a'r Urdd er Hyrwyddo Cerddoriaeth Cymru. Mae'n feirniad eisteddfodol hefyd.

Ei ddiddordebau hamdden yw brodwaith a darllen. Mae'n wraig briod; mae ei gŵr, Kim Sargeant, yntau'n gerddor. Maent yn byw yn 181 Gloucester Rd., Cheltenham (0242-571619).

WILLIAMS, William David (1900-1985)
Gŵr y cysylltir ei enw â thre'r Bermo. Bu'n brifathro Ysgol y Bermo o 1942 hyd 1961. Bardd.

Ganed yn Llawr-y-betws ger Corwen ym 1900. Cadwai ei

rieni siop fwyd y pentref. Cafodd ei addysg yn ysgol elfennol y
pentref, Ysgol Ramadeg y Bechgyn y Bala a Choleg Prifysgol
Gogledd Cymru, Bangor. Graddiodd yn y Gymraeg a Hanes ym
1922 ac wedi hynny fe sicrhaodd Dystysgrif Athro ym 1923.

Cafodd ei swydd ddysgu gyntaf yn Harlech (1923-24) ac oddi
yno symudodd i Pontefract, Swydd Efrog. Treuliodd wyth
mlynedd yno rhwng 1924 a 1932. Ym 1932 fe'i penodwyd yn
Brifathro Ysgol Carrog, Meirionnydd, ac fe dreuliodd naw
mlynedd yno cyn iddo gael ei benodi yn brifathro yn y Bermo.
Bu hefyd yn athro dosbarthiadau nos dan nawdd y Brifysgol a
Mudiad Addysg y Gweithwyr.

Bu'n cyfrannu'n gyson i raglenni ysgafn y BBC o Fangor yng
nghyfnod nodedig Sam Jones ac wedi hynny—cyfnod yn
ymestyn o 1937 hyd 1962. Yr oedd yn aelod o dîm yr Ymryson
Beirdd cyntaf ym 1938 a W. D. Williams oedd olynydd Meuryn
fel beirniad. Bu'n feirniad yn yr Eisteddfod Genedlaethol yn
gyson wedi 1941 ac ef oedd enillydd y gadair yn Eisteddfod
Genedlaethol y Drenewydd 1965 am ei awdl, 'Yr Ymchwil'.

Cyhoeddodd bum llyfr, pedwar ohonynt yn gasgliadau o
gerddi—*Adlais Odlau* (1939), *Cerddi'r Hogiau* (1942), *Cân ac
Englyn* (1950) a *Rhyw Bwt o Lawr-y-betws* (1975). Cyhoeddodd
y gyfrol *Goronwy Owen* ym 1951.

Symudodd i fyw i'r Bala wedi iddo ymddeol gan dreulio cryn

dipyn o'i amser yn arlunio, a gwneud hynny'n llwyddiannus gan i'w waith gael ei arddangos mewn orielau. Ef hefyd oedd un o sylfaenwyr y Gymdeithas Gerdd Dafod ym 1976.

Bu farw ar 2 Chwefror 1985. Gedy ddau fab, Iolo ac Iwan, a merch, Nia.

MYNEGAI

MYNEGAI I'R GYFRES HYD YMA:

Dynoda'r ffigur mewn cromfachau ym mha gyfrol yn y gyfres yr ymddengys y cofnod bywgraffyddol ar y person.

JONES, Rhys (3)
JONES, Thomas (3)
JONES, Trevor Alec (1)
JONES, Tydfor (1)
JONES, Wynne Melville (3)
KEMP, Alan (2)
KINNEY, Phyllis (3)
KINNOCK, Neil Gordon (1)
KNIGHT, Bernard (2)
LEWIS, Saunders (3)
LIVSEY, Richard Arthur Lloyd (3)
LLEWELLYN, Richard (1)
LLOYD, John Selwyn (1)
LLOYD-JOHNES, Herbert Johnes (1)
LOVELUCK, Paul Edward (2)
McINTYRE, John Walter David (2)
MAELOR, Yr Arglwydd (2)
MAREK, John (1)
MARIAN DELYTH (2)
MATHIAS, William James (2)
MEREDITH, David (2)
MORGAN, Derec Llwyd (1)
MORGAN, Dylan (2)
MORGAN, Enid (1)
MORRIS, David (2)
MORRIS, John Meirion (2)
OLIVER, Jack (2)
OWEN, Gerallt Lloyd (2)
OWEN, David Huw (3)
OWEN, Ifor (3)
OWEN, John Idris (2)
OWEN, John Wyn (3)
OWEN, Thomas Arfon (2)
OWEN, William (1)
PADLEY, Walter Ernest (2)
PARRY, Thomas (3)
PATE, Maldwyn (1)
PHILLIPS, Clifford (2)
PHILLIPS, Eluned (1)
PHILLIPS, Richard (1)
POOLE-HUGHES,
  John Richard Worthington (3)
POWEL, Robat Glyn (3)
PRICE, Emyr (2)
PRICE, Gareth (3)
RAFFAN, Keith William Twort (1)
REES, Dai (1)

REES, John Roderick (2)
ROBERTS, Alwyn (3)
ROBERTS, Brynley Francis (3)
ROBERTS, Edward Meirion (3)
ROBERTS, Elfed (3)
ROBERTS, Gwilym Elwyn (3)
ROBERTS, John (2)
ROBERTS, Kate (3)
ROBERTS, Michael (1)
ROBINSON, Mark Noel Foster (1)
ROGERS, Allan Ralph (1)
ROSSER, Melvyn Wynne (3)
ROVI, (Ivor Parry) (2)
ROWLANDS, Ceinwen (1)
ROWLANDS, John Rice (2)
SMITH, Llewellyn (2)
STRADLING-THOMAS, John (1)
SUNDERLAND, Eric (1)
SYMONDS, Idwal Eric (1)
TERLEZKI, Steffan (1)
THOMAS, Aneurin Morgan (2)
THOMAS, Dafydd Elis (2)
THOMAS, Daniel Rowland (1)
THOMAS, Dewi Prys (3)
THOMAS, John Meurig (3)
THOMAS, John Roland Lloyd (2)
THOMAS, Jonathan Evans (2)
THOMAS, Thomas George (1)
TOMOS, Angharad Wyn (3)
TOMOS, Rhiannon Lynn (2)
WARDELL, Gareth Lodwig (1)
WATHERSTONE,
  David George Stuart (1)
WHELDON, Gwynne (2)
WILIAM, Aled Rhys (2)
WILLIAMS, Deryk Meredith (3)
WILLIAMS, Edward Alwyn (2)
WILLIAMS, Emlyn (3)
WILLIAMS, Euryn Ogwen (3)
WILLIAMS, Harri (1)
WILLIAMS, John Owen (1)
WILLIAMS, Meurwyn (3)
WILLIAMS, Ronald (3)
WILLIAMS, Sioned Edwards (3)
WILLIAMS, William David (3)
WYNNE, David (1)